G. MACON

LA VILLE

DE

CHANTILLY

IV

LA RÉVOLUTION — L'EMPIRE

LA RESTAURATION

SENLIS

IMPRIMERIE E. VIGNON FILS

1, RUE SAINT-PIERRE, 1

—

1912

La Ville de Chantilly

IV. — LA RÉVOLUTION, L'EMPIRE, LA RESTAURATION

G. MACON

LA VILLE

DE

CHANTILLY

IV

LA RÉVOLUTION — L'EMPIRE

LA RESTAURATION

SENLIS

IMPRIMERIE E. VIGNON FILS

1, RUE SAINT-PIERRE, I

1912

La Ville de Chantilly

LA RÉVOLUTION

L'EMPIRE — LA RESTAURATION

A Chantilly, l'esprit nouveau souffla d'abord dans les bois, et le gibier du prince de Condé apprit à ses dépens que la nation française s'essayait à la liberté. Les délits furent nombreux dans le courant de l'année 1788 ; au mois de novembre, le prince obtint l'envoi d'une brigade de la maréchaussée pour prêter main-forte à ses agents ; mais on se moquait déjà de l'autorité, et d'autre part le rigoureux hiver qui suivit fournit au bon prince un excellent prétexte pour abandonner la poursuite des procès-verbaux de délits, dont le nombre s'était multiplié en raison de la misère croissante et de la dureté des temps.

Ce fut bien autre chose lorsque le prince de Condé eut quitté la France (17 juillet 1789) et que la noblesse eut solennellement répudié ses antiques privilèges (4 août). L'acte impolitique du prince de Condé le montrait manifestement hostile aux idées nouvelles et désignait son domaine aux représailles. Elles commencèrent dix jours après son départ et se poursuivirent pendant dix années. On s'en prit d'abord à l'arsenal du château, dont le matériel ne s'était cependant pas montré redoutable, puisqu'il n'avait fait que participer aux réjouissances et aux fêtes ; mais cette artillerie portait ombrage au peuple de Paris, et il se trouva de courageux citoyens pour le rassurer. Un de ces braves, nommé Charles de Ruynes, a rédigé et publié le récit de cet exploit [1], connu aussi par le dessin de Prieur dont Berthault a donné une bonne gravure :

« Le 27 du mois de juillet dernier, sur les demandes faites

---

[1] *Expédition chez M. le Prince de Condé à Chantilly*. De l'Imprimerie de Valleyre l'aîné, in-8° de 7 pages.

par le Peuple d'une visite exacte de tous les lieux où l'on soupçonnoit qu'il pourroit se trouver des magasins d'armes, il se présenta au Bureau de la Ville dix-neuf grenadiers aux Gardes-Françoises et vingt-neuf volontaires de la Garde Bourgeoise de Paris, formant en tout une compagnie de quarante-huit hommes, qui dirent vouloir se rendre chez M. le prince de Condé à Chantilly pour y prendre les canons et autres armes et munitions dangereuses dans les lieux soupçonnés.

« MM. Bailly, de la Fayette et autres officiers de la Municipalité de Paris, s'empressèrent d'accueillir favorablement le zèle des braves citoyens qui vouloient pourvoir à la sûreté de leurs frères. En conséquence, M. le général de la Garde Bourgeoise de Paris mit à la tête de la susdite compagnie de volontaires M. le baron de Cadignan, qui partit pour l'expédition de Chantilly avec une troupe peu considérable en apparence, mais forte en courage, et avide de bien mériter de la Patrie.

« Notre petite légion de braves déterminés, sachant que le secret et la célérité aident à triompher des obstacles les plus grands, voulut se rendre tout d'une traite aux lieux dont elle vouloit s'emparer. Après une courte halte faite à Écouen pour le rafraîchissement de la troupe, on se remit en marche pour Chantilly, où on arriva à sept heures du soir ; en sorte que la compagnie des Volontaires eut fait la traite de Paris au château de M. le prince de Condé en dix heures de temps.

« Il est bon d'observer qu'à une lieue de Chantilly le sieur de Contye, capitaine des chasses de M. le Prince, vint au devant de la troupe pour l'assurer que les intentions de M. le Prince n'étoient point de s'opposer ni au bien ni aux désirs publics, et qu'il avoit ordre de S. A. S. de recevoir avec distinction tous les citoyens envoyés par la Commune de Paris. On reçut avec plaisir les paroles de paix ; mais on ne se pressa pas d'y croire. Un des volontaires s'écria : *Timeo Danaos et dona ferentes.* Il paroissoit étonnant surtout qu'on eût été informé aussi vite du prompt départ des volontaires ; quoi qu'il en soit, on se tint sur ses gardes.

« A l'arrivée de la troupe, les portes d'honneur furent ouvertes, et les habitans du château firent tous leurs efforts pour la bien recevoir. Cependant le premier soin des volontaires, sous les ordres de M. le baron de Cadignan, fut de s'emparer de l'artillerie. Trois canons étoient placés sur la terrasse ; les autres étoient dans les magasins. Les lieux furent visités et reconnus. Ces précautions étant prises, on vint avertir ces messieurs que le couvert étoit mis. La salle des Gardes-du-corps servit de salle à manger, où les cuisiniers de M. le Prince firent paroître toutes les ressources de leur art. Les vins et les mets différents furent servis avec profusion ; mais nos jeunes héros firent admirer leur sobriété et leur retenue au sexe nombreux que la curiosité avoit conduit au château. Enfin la fatigue de la marche ayant hâté l'heure du repos, nos quarante-huit guerriers ne voulurent pas quitter leurs habits, et sommeillèrent à côté de leurs armes. La prudence ne les quitta pas. Ils s'étoient attendus à un accueil bien différent de celui qu'ils reçurent ; ils ne pouvoient croire entièrement qu'il ne cachât pas un piège. La nuit se passa donc sur le qui-vive ; mais le jour suivant dissipa toutes les craintes.

« Les prévenances et le respect des gens de M. le Prince rassurèrent les esprits, ou, pour mieux dire, dissipèrent les soupçons. Les salles d'armes furent visitées, et le sieur de Contye supplia ces Messieurs, de la part du Prince, de ne pas enlever les armures qui en faisoient l'ornement. Nos jeunes François dirent qu'ils ne toucheroient point à ce qui ne pouvoit pas nuire à leurs concitoyens, mais que tout le reste seroit enlevé. Ils admirèrent les armes de la Pucelle d'Orléans, du connétable de Montmorency, et celles du Grand Condé, ainsi que plusieurs autres, notamment celles de Charlemagne. Ils soulevèrent avec respect les épées de ces grands hommes, et admirèrent la force de leurs bras. Plût au Ciel qu'on eût ainsi vénéré au Garde-Meuble les armes de Henri IV et de François Ier.

« MM. les volontaires visitèrent les greniers pour s'assurer si l'abondance des grains y régnoit ; mais ils n'y trouvèrent que ceux qui étoient nécessaires pour le château. Ils firent aussi des perquisitions chez les particuliers ; mais les réceptions flatteuses des dames et les louanges des hommes furent les seules armes et les seules munitions qu'ils purent en rapporter.

Ayant ainsi réglé toutes choses, ces Messieurs désirèrent voir les petits appartemens et les pavillons à ressorts, enrichis des peintures de Boucher [1]. On s'empressa de satisfaire à leurs désirs ; et pour ne les contrarier en aucune manière, les jeux de paulme, les billards et autres salles de jeux furent ouvertes. La pêche et la chasse entrèrent aussi dans leurs amusemens ; un daim fut criblé de coups de fusil ; c'est ainsi que le privilège de la chasse fut aboli dans un instant dans les lieux où il étoit sacré depuis tant de siècles et où ses victimes avoient été si nombreuses.

« Le daim n'attendit pas la venaison ; les jeunes chasseurs étoient avides de manger du nouveau gibier qui rétablissoit la liberté de la chasse, cette liberté, premier bien de l'homme sauvage, et qu'on ne peut enlever sans crime à l'homme civilisé.

« Nous ne dirons pas si les bouchons du Champagne, du Madère, du Saragosse, du Frontignan, du Tockay et de cent autres excellens vins, sautèrent avec gaîté devant un daim rôti ; que nos lecteurs se l'imaginent !

« Après les fêtes et le repos, les volontaires et leur chef partirent, en escortant trois canons qu'ils avoient pris sur la terrasse, vingt-quatre dans les magasins, et trois qu'on avoit trouvés dégarnis d'affûts ; le tout composant trente canons, dont plusieurs de simple parade. Nous ne négligerons pas de dire qu'on avoit voulu retenir encore quelques jours les volontaires à Chantilly.

« A leur retour, ils furent accueillis par tous les habitans des environs avec des acclamations de joie et de remerciemens ; ils firent leur coucher à Écouen ; les habitans leur fournirent des lits de maîtres. Le concierge de Mlle Adeline, actrice du Théâtre Italien, en offrit dix-neuf, et dit que sa maîtresse étoit bien fâchée de ne pouvoir pas recevoir elle-même ces messieurs.

« Le samedi premier du présent mois d'août, sont arrivés à la Capitale les volontaires et les trente canons qu'ils escortoient et que traînoient les chevaux de M. le Prince. Les

---

[1] Le pavillon de Vénus dans l'île d'Amour, muni de planchers à ressorts qui pouvaient sortir par les ouvertures de droite et de gauche et s'avancer au-dessus des canaux.

Gardes-Françoises et les bourgeois avoient été les recevoir aux portes pour les conduire à l'Hôtel-de-Ville ; chaque homme étoit orné de feuillages et de rubans, en sorte que le coup d'œil de ce convoi étoit à la fois gai et brillant.

« De l'Hôtel-de-Ville, les canons ont été conduits, par ordre de M. de la Fayette, à l'Arsenal, où, jusqu'à présent, est fixé le parc d'artillerie. »

A la demande des agents du prince de Condé, un procès-verbal de l'opération fut dressé et rendu public ; en voici la teneur [1] :

« L'an mil sept cent quatre-vingt-neuf, le vingt-huit juillet, nous Charles de Cadignan, citoyen domicilié à Paris, aide-de-camp de M. le marquis de La Fayette, commandant-général des troupes parisiennes, assisté du sieur Claude-François Ganie, commandant un détachement de douze hommes du district des Carmes ; du sieur Joseph Cathol, sergent-major, commandant un détachement de dix-huit grenadiers du régiment des Gardes-Françoises, compagnie de Dancourt, et du sieur Jean-Frédéric Diver, maréchal-des-logis de la garde à cheval de Paris, commandant douze cavaliers ; en vertu des ordres qui nous ont été donnés par M. le marquis de La Fayette en date du 27 du même mois, partis de Paris ledit jour 28, sommes arrivés au château de Chantilly, où nous avons été reçus par le sieur chevalier de Contye, gentilhomme et capitaine des chasses de S. A. S. M. le prince de Condé, assisté du sieur Antheaume de Surval, agent des affaires de ce prince et syndic municipal de Chantilly. Sur la déclaration par nous faite que nous venions demander, au nom de la ville de Paris, la remise des pièces de canon qui se trouvoient dans le château de Chantilly et autres lieux en dépendans pour les transporter dans la capitale, ledit sieur de Contye a procédé à l'instant à cette remise ; ensuite de laquelle il a dit qu'étant, en sa qualité de capitaine des chasses, gardien et responsable desdites pièces de canon, il étoit de son devoir et il importoit à sa décharge

---

[1] *Procès-verbal de la visite faite à Chantilly et de la remise des canons qui s'y sont trouvés à la Ville de Paris.* De l'imprimerie de Cl. Simon, imprim. de LL. AA. SS. Messeigneurs le Prince de Condé et le Duc de Bourbon, rue St-Jacques, près St-Yves, 1789. 8 pp.

personnelle de nous représenter : 1° que ces canons étoient une propriété de la Maison de Condé, et trois d'entre eux une propriété d'autant plus précieuse qu'ils avoient été enlevés à la pointe de l'épée aux ennemis de la France par Mgr le Prince de Condé, et donnés à S. A. S. comme une récompense honorable des services rendus à la Nation dans la campagne de 1762 ; qu'en conséquence il devoit croire qu'ils seroient restitués à sadite A. S. lorsqu'ils ne seroient plus utiles à la ville de Paris. 2° Que dans la crainte des ravages et des attaques imprévues qui pourroient être faites par un assez grand nombre de bandits qu'on sait être répandus dans les campagnes, ce qui a occasionné la levée et la formation des milices bourgeoises dans toutes les villes et villages de l'Isle-de-France, il seroit bien essentiel que la ville de Paris voulût bien laisser ou du moins renvoyer à Chantilly quelques-unes de ces pièces de canon pour la sûreté particulière du bourg et de plusieurs villages qui en dépendent ; sur quoi ils s'en rapportent à la sagesse et aux soins vigilans de Messieurs de la ville de Paris. De laquelle déclaration ledit sieur de Contye ayant demandé qu'il fût fait mention dans le présent procès-verbal, nous lui en avons donné acte.

« Après quoi, lesdites pièces de canon, montées sur leurs affûts, ont été mises entre nos mains, au nombre de 27, savoir : *le Tonnant* et *l'Eclair*, de huit livres de balles ; *la Foudre, le Terrible, le Subtil*, et *le Mars*, de quatre livres de balles ; *le Condé, le Chantilly, le Bourbon* et *l'Enguien*, d'une livre de balles, le tout aux armes de Condé ; *l'Etourdie* et *la Suédoise*, d'une livre de balles ; et douze autres pièces, chacune d'une demi-livre de balles, nommées *les Douze Apôtres*, aux armes de Montmorency ; et enfin trois autres pièces de douze livres de balles, portant pour légende, *Condæus eripuit hostibus, 25 août 1762.* Plus, deux autres pièces de canon de rempart sans affûts ; plus, trois moules à gargousses, un dégorgeoir, des mêches, un paquet d'étoupilles, quatre porte-lances garnies, une cuillière, et quelques ustensiles d'artillerie.

« Et après la délivrance desdits objets, ayant dit que nos ordres portoient de faire la visite du château de Chantilly et dépendances, pour y rechercher toutes les armes, munitions et farines qui pourroient s'y trouver, le sieur Jean-François Bourgeois, concierge de Chantilly, s'est offert à nous conduire dans cette recherche, laquelle, en présence desdits sieurs de Contye et Antheaume, a commencé au moment même par la salle des Gardes et les appartemens du Roi et de la Reine, dans lesquels il nous a été fait ouverture de toutes les portes, doubles portes, coins, passages, corridors, armoires, commodes et autres meubles et issues ; et il a été procédé avec la même exactitude dans tous les appartemens, galeries, chambres, cabinets et greniers du grand et du petit château, ainsi que dans les cuisines et offices, voûtes, caves et souterrains ; dans laquelle visite nous n'avons trouvé d'autres armes que quelques fusils de chasse dans la pièce servant de corps-de-garde à la milice bourgeoise, et d'autres munitions qu'un baril et demi de poudre, contenant 60 à 80 livres, nécessaires pour l'approvisionnement de ladite milice de Chantilly.

« La même recherche a continué dans le pavillon d'Enguien, le château de Silvie, la Caboutière, le Hameau, la Fourrière, les Écuries, l'Hôpital et la Ménagerie, que nous avons visités dans toutes les parties, en y comprenant la Ferme, dans lesquelles nous n'avons trouvé que les provisions de menus grains destinés aux animaux, et quatre sacs de farine de seigle contenus dans un coffre.

« Nous avons également parcouru et visité la salle de Comédie et ses dépendances, l'Orangerie et ses greniers, les appartemens qui y tiennent et le Cabinet dit des Armes, servant de dépôt aux fusils de chasse, qui ne s'y sont point trouvés, ayant été remis aux milices du lieu pour leur défense ; dans lequel cabinet nous avons trouvé des armures antiques de toute espèce, et autres objets de curiosité du même genre.

« Et ces visites et recherches, qui nous ont occupés pendant l'espace de deux jours, étant achevées, dans la vue d'y ajouter une plus grande authenticité, principalement sur l'objet des grains et farines, lesdits sieurs de Contye et Antheaume de Surval nous ont engagés à nous informer plus particulière-ment des gens du pays si quelqu'un avoit connoissance de magasin ou dépôt secret, afin que nous puissions y étendre nos perquisitions ; ce qu'ayant fait, il n'est résulté de cette nouvelle information qu'une vérification plus complète de l'exactitude de nos recherches.

« Et lesdits sieurs de Contye et Antheaume de Surval nous ont requis de supplier, en leur nom, Messieurs de la Ville de Paris de vouloir bien permettre que le présent procès-verbal soit rendu public par la voie de l'impression, et affiché partout où besoin sera, et avons signé. Fait double à Chantilly, le trente juillet mil sept cent quatre-vingt neuf. »

Aucun de ces canons ne revint à Chantilly, et ce fut le premier signal de la dispersion des précieuses collections qu'y avaient rassemblées les Montmorency et les Condé.

*
* *

Si, dans ces premiers temps de la Révolution, le calme ne cessa de régner dans la ville de Chantilly, il n'en fut pas de même dans les bourgs ou villages des environs, dont les habitants envahirent les forêts du prince de Condé et en usèrent comme de leur bien propre. Ils opéraient souvent en bande, et à main armée, sans se laisser intimider par les représentants de l'autorité, dont le rôle devenait de plus en plus difficile et même périlleux. Le chevalier de Contye, capitaine des chasses, organisait de fréquentes tournées pour la répression du braconnage. Le 3 octobre 1789, MM. de Lamartinière, Couvreur et de Lacour, officiers des chasses, accompagnés des brigadiers Jean Connétable, Mathieu Genty, Jean-Baptiste Jacquin, Pierre Landry, des gardes Namur, Mesureur, Pinçon, Papillon, Durand, Morand, Courroye, Touret, Aubry, Mahieux, Demonsy, Jambon, Toudouze, Frigault, Beaucerf, et de deux cavaliers de la maréchaussée de Senlis, Jacques Collet et Pierre Gallois, parcoururent le domaine et se heurtèrent, dans la forêt de Pontarmé, puis dans celle de Coye, à deux bandes d'individus armés de fusils, qui, après force menaces et injures, finirent par se laisser persuader et remirent leurs armes et le gibier tué.

Le 23 octobre, Mathieu Genty, brigadier à Pontarmé, entend en plein midi plusieurs coups de fusil ; il court et aperçoit quatre bourgeois chassant avec des chiens ; ils avaient déjà tué six faisans. Un homme de Montgrésin gardait leurs chevaux. Le surlendemain à la même heure, Genty les surprit encore chassant et tirant ; à la vue des gardes, ils montèrent à cheval et s'enfuirent. Deux heures plus tôt, Genty s'était retiré devant un braconnier qui l'avait couché en joue. Le 26 à 9 heures du matin, Genty et le garde François Morand rencontrent trois habitants de Senlis armés de fusils et porteurs de neuf lapins ; ils se bornent à enregistrer le fait, et continuent leur tournée. Et c'est tous les jours de même, et sur tous les points du domaine. A la demande du chevalier de Contye, une seconde brigade de maréchaussée fut envoyée à Chantilly, une autre à Pont-Sainte-Maxence, une aussi à La Chapelle-en-Serval. Cela fit peu d'effet. Le 29 décembre à 3 heures, quatre cavaliers de la maréchaussée trouvent deux ouvriers de Gouvieux furetant un terrier près du bois Bourillon ; interpellés, ceux-ci répondirent tranquillement « qu'ils furetoient ainsi que tout le monde le faisoit depuis longtemps ». Huit procès-verbaux dressés contre des particuliers chassant à main armée sont accompagnés de cette mention : « Il n'a pas été statué sur ces rapports attendu les circonstances ».

Cette situation était loin d'être particulière à Chantilly ; elle était générale, et l'Assemblée Nationale s'en préoccupa. A la fin de décembre, on afficha partout les « Lettres patentes du Roi, sur un décret de l'Assemblée Nationale concernant les délits qui se commettent dans les forêts et bois, données à Paris au mois de décembre 1789, transcrites en Parlement, en vacations, le 18 décembre audit an ». Déjà, le 3 décembre, les membres du Comité Municipal de Chantilly s'étaient adressés directement au ministre de la Guerre, M. de La Tour du Pin, pour obtenir une augmentation de force armée « afin de protéger la forêt contre les brigands qui la dévastent ».

La nouvelle administration de Chantilly entre en scène. Le décret de l'Assemblée Nationale qui créa les municipalités (12 novembre 1789) est en quelque sorte l'acte de naissance de l'organisation communale de la ville de Chantilly, qui jusqu'alors avait été administrée par le prince et ses représentants. Le 14 décembre, l'Assemblée Nationale rendit un autre décret relatif à la formation et aux fonctions des municipalités. Le premier maire de Chantilly fut M. Antheaume de Surval, régisseur du domaine ; dans le Conseil figuraient M. Peyrard, gruyer ou chef du service forestier, Mathieu Vandessel, Robinot, Allouel, chirurgien de l'hôpital, etc. Le greffier du tribunal, Lejeune, était procureur de la commune ; lorsque les justices seigneuriales disparurent à la fin de l'année 1790 par l'organisation nouvelle de la justice, M. Lejeune fut nommé juge de paix du canton de Chantilly (car Chantilly fut d'abord chef-lieu de canton), et le notaire Patin le remplaça dans le conseil comme procureur de la commune.

M. de La Tour du Pin répondit le 11 novembre au Comité Municipal et promit l'envoi d'une troupe à cheval ; mais ce ne fut que le 12 mai 1790 qu'un détachement du régiment de Bourgogne-cavalerie vint s'établir à Chantilly ; il se composait de 19 cavaliers commandés par un maréchal-des-logis. Le Conseil du prince de Condé fit payer une solde extraordinaire de 20 sols par jour au maréchal-des-logis, et de 10 sols à chaque soldat ; cette haute-paye était versée tous les cinq jours. Le détachement quitta Chantilly le 16 octobre et fut remplacé le 24 par 19 cavaliers et un maréchal-des-logis du régiment de Berry, commandés par un jeune officier, M. de Bonneval. Cette petite garnison fut maintenue à Chantilly jusqu'au 5 juin 1791, et le régisseur du prince donna régulièrement une haute-paye au sous-officier et aux cavaliers.

Le séjour de Chantilly ne fut pas une villégiature agréable pour M. de Bonneval et ses cavaliers. « La misère est affreuse icy (dit une note anonyme rédigée à l'automne de 1790), comme dans les villages voisins ; les paysans sont sans travaux et sans ressources ; aussi ils volent tant qu'ils peuvent ; certains de l'impunité, rien ne les arrête ; si nous voulons nous en plaindre, nous avons encore tort. Telle est notre position. Il faut espérer qu'un jour viendra où la Constitution, mieux consolidée, rétablira l'ordre et fera rentrer chacun dans son devoir. Nous sommes comme beaucoup d'autres sans tribunal ; on a mis les scellés sur notre greffe ». La même note est donnée dans une lettre écrite de Paris à M. Antheaume, le 3 novembre, par M. Berthaut, qui s'occupait alors de l'agrandissement de sa propriété des Fontaines : « Le motif de mon empressement à terminer cette affaire est de pouvoir faire travailler dès cet hiver les pauvres habitans de Chantilly. Il n'y a pas encore huit jours qu'ils sont venus me solliciter de leur donner de l'occupation. J'ai partagé leur peine, et je vous avoue, Monsieur, que quoiqu'il faille encore acheter l'argent à 7 pour cent, et que l'on m'en refuse au bureau de M. Desfaucherets pour payer les ouvriers que j'employe à la campagne, quoique je sois extrêmement gêné depuis quelque temps pour me procurer des fonds, je ferai plutôt des emprunts, et des sacrifices s'il le faut, pour donner cet hiver de l'ouvrage aux habitans de Chantilly, dont je connois la misère et qui m'ont rendu sensible à leur peine... » M. Antheaume était dans les mêmes sentiments, et, pour occuper les ouvriers, il fit entreprendre en décembre le curement des fossés du château et de l'étang de Sylvie ; mais l'effervescence des esprits produisit une émeute dans le courant de janvier 1791 ; l'entrepreneur dut prendre la fuite, les travaux furent abandonnés, et il fallut remettre l'eau dans les fossés.

A partir du mois de décembre 1790, les délits dans les bois sont poursuivis devant le tribunal de Senlis. Le 25 janvier 1791, à 8 heures du matin, plusieurs gardes en tournée rencontrent « une grande quantité de chasseurs qui étoient en battue dans l'enceinte près le carrefour du duc d'Anguien. Étant approchés d'eux et leur ayant demandé à quel titre ils chassoient librement sur une propriété qui ne leur appartenoit pas, ils nous ont répondu qu'ils étoient conseillés par des gens bien instruits et de notre même métier et qui ne pensoient pas comme nous ; qu'ils étoient décidés à y chasser tant qu'il y auroit du gibier ». Ils étaient cinquante à soixante.

Ces bandes résistaient ouvertement aux gardes, aux gendarmes et aux soldats, et des bagarres se produisaient sans cesse ; une d'elles fut sanglante et causa mort d'hommes ; M. de Bonneval, grièvement blessé, n'échappa que par miracle. Voici le procès-verbal de cette affaire :

« Aujourd'hui quatre mars 1791, sont comparus devant les maire et officiers municipaux de Chantilly les nommés Boisselier et Picard, appointés du régiment de Berry en détachement en ce lieu, Visanda, cavalier audit régiment, accompagnés d'Achille Deseine, Alexandre-Marie Mahieu, gardes-chasses, les nommés Durand, Touret et Vaillant, aussi gardes-chasses,

assistés du nommé Breteuil, lesquels nous ont dit et déclaré
que, faisant patrouille dans la forêt de Chantilly pour la conservation des propriétés, ils ont rencontré dans l'enceinte de
la Fille-Morte, au dessus du carrefour du bois Saint-Denis,
entre la route de l'Angle et la Vieille Route, territoire de Chantilly, un attroupement d'environ vingt hommes armés. Leur
ayant déclaré qu'ils contrevenoient aux ordonnances et décrets
de l'Assemblée Nationale, et qu'en conséquence ils ayent à se
retirer sur le champ, qu'ayant refusé de le faire et menacé de
tirer sur le détachement, ladite brigade s'est retirée pour
envoyer en ce lieu chercher du secours ; qu'à l'instant M. de
Bonneval monta à cheval avec le reste dudit détachement ;
qu'étant arrivé à l'endroit où étoit l'attroupement, et ledit
s^r commandant leur ayant fait nouvelle sommation de se retirer,
ils le refusèrent obstinément, et sans plus de réflexions ont fait
feu sur le détachement ; que de ce coup de feu M. de Bonneval,
commandant, a reçu un coup de fusil dans la poitrine, et son
cheval criblé ; le nommé César, maréchal-des-logis, a été tué et
resté sur la place ; et le nommé Namur, garde, a ausssi été tué
et resté sur la place ; que les brigands ayant ensuite pris la fuite
sous les gaulis, le détachement n'a pas pu les arrêter tous, que
deux seulement ont été arrêtés et conduits es prisons de ce
lieu, lesquels ont été par nous interrogés séparément sur leurs
noms et qualités seulement, et ont déclaré se nommer l'un
Joseph Desbœuf, dit Botteleux, journalier à Bellefontaine,
et l'autre Louis-Julien Francolin, journalier à Montlévêque.
Ensuite de quoi nous, maire, officiers municipaux et procureur
de la commune cy après nommés, considérant que ce délit n'est
point de notre compétence, avons arrêté qu'une expédition du
présent procès-verbal seroit sur le champ adressée à MM. du
tribunal du district de Senlis, et que les nommés Desbœuf
et Francolin seroient conduits demain matin es prisons dudit
tribunal, et que les fusils et autres pièces de conviction seroient
aussi remis et déposés entre les mains du sieur Jean-Laurent
Deleau, brigadier de la maréchaussée à la résidence de ce lieu,
pour par lui les remettre et déposer au greffe dudit tribunal, et
avons signé avec les cavaliers et gardes susnommés qui savent
signer. A ladite assemblée étoient présents MM. Antheaume,

maire, Peyrard, Robinot, Mathieu Vandessel, officiers municipaux, Patin, procureur de la commune, et Allouel, secrétaire. »

La matière de ce procès-verbal est plus amplement développée dans une lettre dont les Archives du Musée Condé conservent la minute :

« Monsieur. Vous savez sans doute déjà la malheureuse affaire de Chantilly ; la renommée et plusieurs papiers publics ont pu vous l'apprendre ; mais comme il en circule différentes versions, toutes assez peu exactes, je vais vous donner la véritable, celle sur laquelle aucun des nombreux témoins consultés n'a jamais varié.

« Vendredi matin, 4 du courant, une patrouille de cinq cavaliers du régiment de Berry était partie, avec un garde-chasse, pour faire sa tournée à l'ordinaire dans la forêt de Chantilly. Arrivée à un rendez-vous de chasse appelé le Petit-Couvert, elle aperçoit un attroupement de 25 ou 30 hommes armés dont les gestes et les cris semblent les provoquer. Aussitôt un cavalier part pour avertir M. de Bonneval, commandant du détachement, lequel, s'étant mis en règle, monte à cheval et y fait monter les quatorze hommes qui lui restoient. Après un quart d'heure de marche, la patrouille se replie sur cette troupe et la conduit au lieu où elle avoit fait la découverte. Les mêmes hommes y étoient encore et leur contenance n'avoit pas changé. M. de Bonneval, jeune officier d'une sagesse qui feroit honneur à l'âge le plus mûr, et de ce courage tranquille qui caractérise le vrai héros, M. de Bonneval fait faire halte, et s'avançant à quinze ou vingt pas de ces malheureux, il leur demande avec douceur s'ils ignorent qu'ils sont sur la municipalité de Chantilly, sur les propriétés d'autrui, qu'ils violent le droit des gens et les décrets de l'Assemblée Nationale. Ils lui répondent insolemment et le couchent en joue. Il tente encore quelques représentations qui lui attirent les mêmes injures et les mêmes menaces. Alors il leur dit avec fermeté qu'ils ayent à mettre bas les armes et à se retirer, sinon il les y contraindroit à force ouverte. En même tems il fait sonner un appel par le trompette, comme si un renfort tout prêt eût dû, à ce signal, se joindre à lui. Cette ruse eut une partie de son effet. Les mutins abandonnèrent la place et se jetèrent dans un gaulis voisin, d'où ils pouvoient, en se cachant derrière de gros arbres, faire feu sans craindre la riposte. Les cavaliers essayèrent de les faire sortir de cette espèce de retranchement. Pendant leurs recherches, M. de Bonneval, les s^{rs} César, maréchal des logis, et Namur, brigadier des gardes de chasse, avec trois cavaliers, bordaient le gaulis du côté du chemin pour s'emparer des fuyards. Les brigands tirent plusieurs coups de fusil à la fois. Le s^r César est abattu de son cheval et expire en s'écriant douloureusement : Faut-il mourir sans honneur et des mains de cette vile canaille ! Ce brave homme a emporté les regrets de ses chefs et de ses camarades, dont il était estimé et chéri. Une seconde décharge se fait entendre ; elle renverse mort le brigadier, homme essentiel dans son état, père de huit enfans, et généralement aimé dans le pays. Elle blesse aussi en différentes parties du corps M. de Bonneval. Le feu continue, et son cheval reçoit plusieurs balles et chevrotines dans les flancs et le poitrail. Enfin ce brave jeune homme est atteint d'une balle qui lui perce l'avant-bras droit, d'une autre qui le frappe au bas-ventre sans pénétrer, d'une troisième qui, ayant rencontré un bouton, glisse sous les muscles et va se perdre sous l'aisselle, et d'une quatrième qui traverse la poitrine de part en part. Il tombe de cheval et dit aux cavaliers qui accourent à lui : Mes amis, je suis perdu ; mais j'ay fait mon devoir ; achevez de faire le vôtre, et ayez quelques-uns de ces misérables morts ou vifs... Ils en avoient arrêté six alors ; mais dans l'abattement où les jeta la nouvelle de ces malheurs, il leur en échappa quatre, et ils n'en amenèrent que deux à Chantilly. Ceux-ci, interrogés par MM. du district de Senlis, ont répondu que ces Mrs de Berry leur avoient parlé très honnêtement, et qu'ils ne concevoient pas pourquoi leurs camarades les avoient si mal traités.

« Les cavaliers se sont comportés avec un courage et une modération dignes des plus grands éloges. Aucun n'a été blessé d'une manière grave, quoique dans leurs équipages on ait rencontré des trous de balles et plusieurs morceaux de plomb. Un de ces braves gens, le nommé Bourbonnois, a voulu sucer les plaies de son officier. Rangés autour de lui, c'étoit à qui lui marqueroit plus d'attachement et plus de regrets ; ils auroient tous désiré être blessés à sa place.

« M. de Bonneval, dont quelques papiers publics ont annoncé la mort, respire heureusement encore ; mais l'on craint bien que malgré sa jeunesse et son tempérament très sain il ne puisse survivre à de si périlleuses blessures. Vous seriez touché de l'intérêt, de la sensibilité que chacun lui témoigne ; les officiers du régiment arrivent de toutes parts pour le voir, et s'en retournent les larmes aux yeux. Les citoyens de Chantilly, et surtout l'honnête et respectable famille de M. le Maire (Antheaume), chez qui il est logé, lui prodiguent toutes les attentions de l'amitié, tous les soins qu'inspire le sentiment le plus tendre... »

Grâce à sa robuste constitution et aux soins dont il fut entouré chez M. Antheaume, M. de Bonneval se tira d'affaire ; au bout de deux mois, il fut déclaré sauvé et entra en convalescence. Le Conseil du prince de Condé prit à sa charge tous les frais de la maladie, qui s'élevèrent à 794 livres 12 sous, dont voici le détail : « 30 avril 1791, à la mère Maréchaux, l'une des gardes malades, 112 livres pour 58 jours à 30 s. et 25 nuits à 20 s. ; même jour, 48 livres à Duval pour les nuits qu'il a passées ; 8 mai, 80 livres aux deux gardes malades qui ont accompagné la mère Maréchaux les jours et les nuits ; 15 mai, payé à la sœur apothicaire de l'hôpital 75 livres 10 sols pour les médicaments fournis ; au sieur Delaître, aubergiste au Cygne, 79 l. 2 s. pour les nourriture et logement de M. Bercy, chirurgien-major du régiment de Berry, qui est venu pour assister M. Allouel dans les pansements de M. de Bonneval ; à M. Allouel, chirurgien à Chantilly, pour avoir soigné M. de Bonneval et passé auprès de lui toutes les nuits jusqu'à convalescence, 400 livres ». Le Conseil du prince fit aussi payer à M. Robert, curé de Chantilly, la somme de 65 livres pour les funérailles de Jean Namur, brigadier des chassés, et du maréchal-des-logis César, qui eurent lieu le 5 mars.

Ce fatal événement ne fit pas cesser le brigandage. Au mois d'août suivant, les gardes constatent que les vannes de l'étang de Commelles ont été levées, de façon à faciliter l'écoulement de l'eau. Ils s'y rendent au nombre de six le 28 entre 10 et

11 heures du matin, trouvent l'étang presque à sec, et dans l'étang neuf individus tout nus qui prenaient du poisson. Ils reconnurent cinq habitants de Coye. « Leur ayant observé que ce poisson ne leur appartenoit pas et qu'ils couroient risque de périr dans la vase, ils ont dit qu'ils s'en f.....; et sur plusieurs interpellations à eux faites, ils n'ont voulu faire aucune réponse. Quatre particuliers n'ont pu être reconnus, attendu qu'ils étoient couverts de boue de la tête aux pieds ».

Le 1ᵉʳ septembre, trois hommes surpris à couper des arbres répondent au garde qui les interpelle que, n'ayant pas d'ouvrage, il faut bien qu'ils s'occupent à quelque chose.

Il est inutile de multiplier les exemples ; ceux qui précèdent montrent suffisamment quel était alors l'état des esprits.

*
* *

Le premier hôtel-de-ville de Chantilly fut l'hôtel de Beauvais ou des Juridictions, qu'habitait le maire, M. Antheaume de Surval. La partie sur rue, à gauche de la porte cochère, fut affectée à l'assemblée communale, et cette affectation subsista jusqu'en 1809. Le 8 août 1790, M. Antheaume ouvrit un registre « destiné à inscrire les noms des citoyens actifs de cette municipalité qui doivent s'incorporer dans la garde nationale, conformément au décret de l'Assemblée Nationale du 12 juin dernier ». Les habitants de Chantilly ne paraissent avoir mis aucune hâte à s'inscrire, car le 65ᵉ inscrit est le curé constitutionnel Rouard, et il ne put se présenter avant le 8 avril 1791, date de son installation. Quoi qu'il en soit, la liste comprend 240 citoyens, dont les signatures se présentent dans l'ordre suivant :

André-Joseph Antheaume, maire ; Jean-Louis Robert, curé ; Nicolas-François Peyrard, gruyer ; Denis Moreau fils ; Louis Robinot ; Jean-Baptiste Lejeune, procureur de la commune ; Nicolas-Barthélemy Hautin le jeune ; Claude Mortet, trésorier de la municipalité ; Pierre-Michel Allouel, secrétaire, et chirurgien-major de la garde nationale ; Louis-Pierre Moreau ; Edme-

Chrétien Lacour [1] ; Jean-Baptiste Picque ; Jean-François
Perdrix ; Jean-Joseph Dromart ; Hubert-Toussaint Bougon ;
P. Fontaine ; Jean-François Rousseau ; René Marchand ;
Nicolas-Théodore Richard ; Honoré Mangeot ; J.-B. Nevers ;
L. Saligny ; Jacques Demailly ; Jacques-Claude Camus ; Louis-
Ambroise-Silvestre Marozeau ; Jean-Denis Galand ; Germain-
Etienne Manceau ; N.-J. Doptin ; Louis Fasquel ; Gilbert
Defait ; Louis Gabillot ; René-Henri Clergé-Dugillon ; Antoine-
Magloire Ducrot ; Marin-Désiré Prez ; Jean-Charles Gaudiveau ;
Pierre Ducrot ; Jean-Baptiste Echette ; Louis-Charles Gattré ;
Barthélemy Hautin l'aîné ; Pierre-Michel Périer fils ; Jean-
Baptiste Contye [2] ; Antoine Deshayes ; Pierre-François-Bernard
Patin ; Gabriel Bouchez ; Léonard Parent ; Jean-Baptiste
Renault ; Jacques-François Couvreur ; Pierre Thomas ; Louis
Duhamel ; Pierre Pillon ; Jean-Alexandre Hédouin ; Alexandre
Hédouin ; Louis-Pierre Duquesnoy ; Robert Lionnet ; Théodore
Latouche ; Jacques Ricquier ; Bahut ; Firmin Beaucerf ; Devaux ;
Gilquin l'aîné ; Charles Hédouin ; Mille ; D. Moreau ; Antoine
Perpette ; Ricquier ; Gilles Maincent ; Deheurle ; Rouard, curé [3] ;
Leroy ; Toupet ; Delaître ; Leblanc ; Joseph Levasseur ; Louis-
Côme Laville ; Alexis Peigné ; Nicolas Marchal ; Jean-Pierre
Marlin ; Jean-Baptiste Saligny ; A. Hédouin ; Pierre-Nicolas
Créton ; Jean-Nicolas Breteuil ; Pierre-Alexis Letourneur ;
Denis Moreau ; Jean Siméon ; Antoine Mattraz ; François
Fromentin ; Charles Léger ; Pierre-Louis Blochet ; Jean Tuane ;
Jean-Baptiste Saulon ; Jean-Baptiste Landragin ; Jean Jacquin ;
Pierre-Noël Séguin ; Nicolas Thierry ; Claude-Pierre Blam-
pied ; Jacques Delaunoy ; Nicolas Louvet ; Étienne Briolat ;
Achille Deseine ; Toussaint Mortet ; Louis Baudet ; Jean-
Baptiste Fourny ; Nicolas Citerne ; Pierre Vanden Borre ;
Pierre-François Périer ; Antoine Taller ; Philippe Sibert, Jean
Lorain, Claude Chantal, Henri Didelot, François-Paul Beudi,
François Lefort, André Chevrier, Martin Richard, René

---

[1] M. de La Cour, chevalier de Saint-Louis, était inspecteur des chasses.

[2] Le chevalier de Contye était capitaine des chasses et gouverneur de
Chantilly.

[3] Curé constitutionnel, élu à Senlis le 20 mars 1791 et installé à Chantilly le 8 avril.

Quatian, Jean-Jacques Cossin, vétérans [1] ; L. Levenuz ; Jean-Baptiste Huet ; Pierre Briolat ; Joseph Forchée ; François Vernon ; Jean-Pierre Chevau ; Antoine Renault père ; Jean Naze ; Jean-Cyprien Périer ; Louis Borniche ; Jacques-Germain Fée ; Antoine Peaucellier ; Pierre-Charles Charon l'Émerillon ; Antoine-François-Joseph Pradine, prêtre ; Jean-Laurent Deleau ; Jean-Baptiste Hédouin ; Louis-Antoine-Hippolyte Bonnaire ; Louis-Étienne Bellet ; François Taffin ; Guillaume Obry ; Lambert-Louis Deshayes ; Jean-François Bourgeois ; Augustin-Louis Fion ; Jean-Alexandre Boullemer-Lamartinière ; Pierre Richard ; Gabriel Berteau, vicaire [2] ; Charles Bullé ; Jacques Marchal ; Cyprien Périer ; Claude Frigaut ; Nicolas Camusot ; Louis Poulet ; Firmin Borniche ; Joseph Morin ; Jérôme Delbart ; François Gourdet ; Pierre-Toussaint Servaty ; Joseph Colinet ; Jean-François-Denis Breteuil ; Louis Gayant ; L.-N. Bordier ; Jean-Charles Gouverneur ; C. Labussière ; Pierre Lamarre ; Mathieu Vandessel ; Étienne Mauny ; L'Émerillon ; J. Baudet père ; Pètre ; Paul Devailly ; Nicolas Demoncy ; Philippe Perpette ; Jacques-François Encellen ; Jean-Baptiste Moreau ; François Chédeville ; François Fouché ; Jacques-Louis Chalot ; Jean-François Lecomte ; Jean-François Beaucerf ; Edme-Adrien Tonnellier ; Jean-Isidore Beaudelot [3] ; Clément Caillole ; Louis-Joseph de la Combe [4] ; A.-M. Alix ; Pierre Laville ; Jacques-Louis Baudet ; Jean Connétable ; Louis Leblanc ; Jean-François Beaulieu ; Jean-Louis Vinchon ; Henry Vanesme ; Jean-Baptiste Thion ; Gaspard Ebiger ; Jean-François Flamarmont ; Auguste Moreau ; Jean-Baptiste Cazier ; Nicolas Mignan ; Louis Blampied ; Louis-Charles Debuire ; Charles-Victor Aubry ; Louis-Christophe Lebeau ; Michel de La Rue ; Rieul Cléret ; Charles Duval ; Jean Petit ; Firmin Sorel ; Dominique Boucard ; Nicolas Obry ; Antoine Flamant ;

---

[1] Ces onze vétérans habitaient l'hospice, où le prince de Condé avait ménagé une salle pour douze vieux soldats.

[2] Bonnaire et Fion de Fresne étaient les vicaires destitués pour avoir refusé le serment, ainsi que le curé Robert ; Berteau était le vicaire constitutionnel.

[3] Aumônier de l'hôpital.

[4] Chapelain du château.

François-Joseph Le Cavelier [1]; Jean-Jacques-André Hédouin, au Hameau ; Antoine-François Toudouze ; Denis Noël, garçon garde ; Joseph Touret ; Alexandre-Marie Mahieu ; François-Paul Villers, jardinier ; Louis Jeanson, tailleur ; Charles-Benjamin Porlier, jardinier ; Louis Boguet, garde bosquets ; Marie-Mathieu Blampied, pêcheur ; Claude Bonhomme, scieur de long ; Étienne Ducos, charpentier ; Jean Quyoue, charretier ; Laurent Noblet, treillageur ; Pierre Delacouchie ; Jean-Jacques Varangot, taillandier ; François Tuquet, taillandier ; Germain-Nicolas Breteuil, routier ; Jean-Louis-Gabriel Durand, garde-chasse ; Joseph Aubertin, marchand de bois ; Charles Chambise, maçon ; Denis Ledru, maçon ; Jean-Louis Trougard ; Jean-Baptiste Blot, cordonnier ; Claude Bonhomme, scieur de long ; Fériot Chambise, terrassier ; Pierre Petit, jardinier ; Pierre-Charles-Claude Leportier fils ; Antoine-Magloire Ducrot, chapelier ; G.-P. Leportier ; J.-B. Frémont ; Jean-François Chédeville ; Charles-Georges Rivière fils ; Pierre Didru, tailleur de pierre ; Nicolas Morin, bourgeois.

Le premier conseil municipal de Chantilly se composa naturellement d'hommes dévoués au prince de Condé ; il n'en pouvait être autrement. Il se forma cependant, dès la première heure, une petite minorité turbulente, dirigée par l'ancien épicier Barthélemy Hautin l'aîné, qui avait fait une belle fortune dans le commerce frauduleux des eaux-de-vie ; il sera le coryphée de la Révolution à Chantilly. L'adjonction de quelques notables formait le conseil général de la commune.

Dans ce premier conseil, qui fonctionna jusqu'au 16 août 1792, nous remarquons, outre le maire Antheaume, le gruyer Peyrard (mort le 16 avril 1791), le greffier Lejeune (nommé juge de paix en 1790), le notaire Patin, le chirurgien Allouel, Claude Mortet, Louis Robinot, Denis Moreau fils, Mathieu Vandessel, Jean Delaître, Marin-Désiré Prez, Jacques-Louis Toupet, Jean-Baptiste Picque, Paul Devailly, Pierre-Alexis Letourneur, Clément Caillole, l'huissier Louis-Étienne Bellet.

Lorsque, le 6 février 1791, les cœurs des princes de Condé furent transportés de Paris à Chantilly, la municipalité et le

---

[1] Maître de pension.

conseil général se portèrent au-devant du cortège jusqu'à la limite du territoire ; Gabriel-André de Bonneval, sous-lieutenant au régiment de Berry-cavalerie, poussa jusqu'à La Morlaye avec le détachement cantonné à Chantilly. Un service solennel fut célébré dans l'église paroissiale par l'abbé Robert et son clergé, en présence des autorités et de toute la population ; puis les cœurs furent portés dans la chapelle Sainte-Anne, au-dessus de la sacristie, et placés dans une armoire [1]. Le même soir, Laurent-Jacques Lambert, administrateur-général du prince de Condé, envoyait à son maître le bulletin suivant : « Tout s'est passé à merveille pour la cérémonie des cœurs ; la pompe étoit décente et majestueuse. Les habitants de Champlâtreux et de Luzarches se sont distingués ; ces derniers ont voulu faire la conduite jusqu'au lieu du dépôt. Mais pendant que tout se passoit à merveille de la part des honnêtes gens, les brigands jouoient leur rôle ; ils s'étoient rassemblés au nombre de plus de huit cens pour dévaster le parc. On leur a donné un prétexte bien funeste en le remplissant de gibier ; il falloit au contraire le faire détruire jusqu'à la dernière pièce ; mais chacun a sa manière ; et qui peut se flatter de voir toujours bien ? »

En ce même mois de février, M. Antheaume, en sa qualité de maire, dut faire savoir au directoire du district de Senlis que le clergé de Chantilly refusait de prêter le serment requis par la Constitution civile du clergé. Le curé Robert et ses deux vicaires, Bonnaire et Fion de Fresne, furent aussitôt destitués, avec autorisation de rester en fonctions jusqu'à leur remplacement. Le 20 mars, les électeurs du district, réunis dans la cathédrale de Senlis, procédèrent à la nomination des curés de Chantilly, Saint-Leu-d'Esserent, Plailly, Fleurines, Villers-Saint-Frambourg, Crouy, Belle-Église, Raray, Mont-l'Évêque. Le curé assermenté d'Aumont, Jacques Rouard, fut élu curé de Chantilly ; le 8 avril, il fut installé dans sa nouvelle paroisse ; on lui adjoignit comme vicaires deux prêtres assermentés nommés Berteau et Laurent. Les prêtres destitués purent rester un an encore à Chantilly sans être inquiétés ; ils durent songer à

---

[1] Voir mon *Historique des édifices du culte à Chantilly* ; Senlis, Dufresne, 1902, page 64.

leur sûreté dans l'été de 1792 et réussirent à gagner la frontière du nord.

La dévastation des forêts et parcs était si notoire, qu'une brochure imprimée à Paris [1] annonça le pillage et la destruction du château et des écuries ; selon l'auteur, les aristocrates eux-mêmes soudoyaient des bandes de gens sans aveu pour ruiner les propriétés du prince de Condé, afin d'irriter le prince contre la nation française et de lui inspirer des désirs de vengeance. C'était une idée parfaitement stupide, mais qui rencontra cependant du crédit dans les masses. Le fait était faux d'ailleurs ; il n'y avait d'exact que le nombre de « huit cents brigands » que nous avons vus opérer dans le parc le 6 février 1791, et qui probablement continuèrent leurs exploits, car un décret de l'Assemblée Nationale, en date du 11 juin, ordonna aux directoires de districts de veiller d'une manière spéciale à la conservation des propriétés de M. Bourbon-Condé. Aussitôt une dénonciation partie de Chantilly signala dans le château l'existence de dépôts d'armes créés en vue d'opprimer le peuple, et le ministre de l'Intérieur, Delessart, invita le directoire de Senlis à déléguer deux de ses membres pour faire la visite des lieux suspects. Ceux-ci remplirent leur mission le 22 juin, en compagnie des gardes nationaux de Chantilly, de Saint-Firmin, de Coye et de La Morlaye [2]. A la vérité, il y avait dans les bâtiments du prince un véritable arsenal, où l'on comptait un bon nombre de fusils de chasse, arquebuses et canardières, mais il y avait surtout des objets de collection, dont l'ensemble constituait le célèbre « cabinet des Armes » ; tout fut enlevé, même les antiques hallebardes. L'opération fut régularisée par un arrêté du directoire du Département, rendu le 25 juin ; en voici la fin : « Le Directoire arrête que les armes de toute espèce et les poudres et munitions qui se sont trouvées

---

[1] *Grand Détail du pillage et dévastation du château de Chantilly par une troupe de brigands conduits par plusieurs particuliers en cabriolet.* De l'Imprimerie de Tremblay, rue Basse du Rempart, porte Saint-Denis, n° 11. In-8° de 8 pages.

[2] Le procès-verbal de la visite fut signé par Antheaume, Moreau fils, Mathieu Vandessel, Devailly, Toupet, Allouel (membres du conseil municipal de Chantilly), Dromart (capitaine de la garde nationale), etc.

dans le ci-devant château de Chantilly et chez le sieur Aubry (armurier du prince) seront séquestrées ou déposées en l'hôtel commun de la ville de Senlis..... Recommande expressément à MM. du district de Senlis de rappeler à la garde nationale de Chantilly qu'elle est spécialement chargée par la loi de veiller à la conservation des propriétés des citoyens, et par conséquent de M. de Condé, que les gardes nationales sont même tenues de responsabilité en cas de négligence..... Autorise cependant MM. les administrateurs du district à remettre aux dites gardes nationales de Chantilly, pour maintenir le bon ordre, des fusils et telles quantités des munitions qui se sont trouvées à Chantilly qu'ils croiront nécessaires pour que lesdites gardes nationales se trouvent suffisamment armées pour veiller à la conservation desdites propriétés... ».

Un service de garde fut donc organisé au château ; nous le savons par une note caustique que Gorsas inséra dans son journal, *le Courrier des LXXXIII départements*, le 29 septembre 1791 : « J'ai bien raison de me récrier de ce qu'un de ces maudits clubs ait l'audace de trouver mauvais que d'honnêtes gens s'amusent, s'enivrent à la santé du héros d'outre-Rhin, insultent dans leurs orgies une constitution maudite, qui force ce grand prince à écrire de plates lettres à Pilnitz ou Coblentz. Voici le fait, lecteur. M. Robinot, officier municipal (et valet du prince) ; M. Mathieu Vandessel, officier municipal (et valet du prince) ; M. Delaître, officier municipal (et valet du prince) ; M. Mortet, officier municipal (et valet surnuméraire, *item* trésorier de la commune) ; ces quatre messieurs, assistés de 7 à 8 valets et sous-valets-princes, venoient de monter une garde au château de Son Altesse. Pour se remettre des fatigues de la nuit, on décrète de faire un ample déjeuner, et voilà mes douze messieurs dans l'état de Mirabeau-Tonneau lorsqu'il roule dans ses grands projets. Messieurs, dit le président, je fais la motion de faire une contre-révolution à Chantilly. Aux voix ! aux voix !... Voilà toute la bande d'accord et armée de fusils ; la voilà, dis-je, courant les rues de Chantilly, s'arrêtant dans les places, menaçant, provoquant les patriotes, enfin chantant des chansons à la louange de leur grand prince et remplies d'épithètes et de sarcasmes injurieux contre les lois nouvelles et les gardes nationales volontaires. Assurément il n'y a dans cette conduite rien de répréhensible ; d'ailleurs la bande joyeuse avoit à sa tête quatre personnages à écharpe. Eh bien ! on a eu le front de la dénoncer à la société des Amis de la Constitution comme un crime de lèse-décence et manifestement contraire à l'ordre public. Enfin, la société a eu l'audace de délibérer et d'arrêter que toute la punition à infliger à cette valetaille, attendu son état d'ivresse, étoit de la livrer à la risée publique en adressant le récit des faits à l'auteur du *Courrier des LXXXIII départements*. Mais celui-ci est trop dans les principes pour daigner en faire le moindre cas. Bien loin donc d'improuver MM. Robinot et compagnie, il applaudit au contraire à tout ce qui a été fait et invite ces messieurs à recommencer ». La semence de division et de haine va germer rapidement ; en voici un témoignage, que nous avons cueilli dans le procès-verbal de la séance de l'Assemblée Nationale du 7 janvier 1792 :

« On introduit à la barre une députation de la garde nationale de Chantilly, qui, ne voulant pas être confondue avec ce qu'elle appelle *les valets du prince de Condé*, adresse une pétition pour que toutes les personnes incrites sur la liste des pensionnaires de M. Condé soient exclues du tableau de la nouvelle garde nationale et ne puissent prétendre à être admises aux places de la municipalité ».

Cette démarche, il faut le reconnaître, souleva l'indignation d'une partie de l'Assemblée ; Lequinio déclara qu'elle était aussi indiscrète qu'intolérante : « Eh quoi, s'écria-t-il, parce qu'ils auraient des pensions de M. Condé, d'honnêtes gens, de bons citoyens seraient exclus des places où les appellerait la confiance publique ! » L'Assemblée n'en admit pas moins les pétitionnaires aux honneurs de la séance, et elle renvoya au Comité des pétitions l'objet de leur demande [1].

Dans ces conditions, la situation du maire, M. Antheaume, qui était en même temps l'agent des affaires du prince de Condé, était grosse de soucis et même de périls. Nous trouvons l'écho de ses inquiétudes dans une lettre adressée de Paris au

---

[1] *Réimpression du Moniteur*, t. II, p. 68.

secrétaire du prince, M. Chodron, le 11 février 1792 : « Le pauvre Antheaume est aussi désolé que nous ; il sera peut-être aussi forcé d'abandonner son poste. Il va être sous la férule du district de Senlis, qui est très enragé et très mal intentionné ; il en a donné différentes preuves, surtout par la nomination du curé intrus (Rouard), qui est peut-être le plus grand scélérat qu'il y ait dans son ordre. Antheaume vous parle sûrement de la vente de sa manufacture de porcelaines [1] ; il est fort heureux d'avoir trouvé à s'en défaire et même assez avantageusement ; les courses qu'elle causoit à sa femme la tuoient ; il craignoit d'un autre côté que les brigands ne la dévastassent, ils l'en avoient menacé... ».

La loi du 9 février 1792 pouvait en effet obliger M. Antheaume à quitter son poste ; elle prononçait la confiscation des biens du prince de Condé, et fut confirmée par la loi du 8 avril. L'opération du séquestre commença le 13 juin ; nous le savons par une lettre de M. Antheaume au savant Valmont de Bomare, directeur des cabinets scientifiques du prince de Condé : « Je suis, Monsieur, dans les douleurs du plus vif accouchement. Depuis ce matin, on est occupé à poser le séquestre ici. Tout se passe parfaitement bien de la part des administrateurs, et j'ose dire que jusqu'à présent je suis content de la manière dont se fait l'opération. M. Bourgeois reste à sa place ; la garde et conservation des châteaux lui est déjà donnée sous mon cautionnement, au moyen de quoi le propriétaire peut être tranquille ; il n'y aura ni gaspillage, ni abus de confiance. Un objet qui nous embarrasse dans le moment d'opérer sont les cabinets de physique et d'histoire naturelle ; c'est à cet effet que j'ai l'honneur de vous envoyer un exprès pour vous prier de me faire passer l'état ou inventaire de ces cabinets... ». [2]

L'opération dura trois jours ; elle fut effectuée par les administrateurs du district de Senlis, assistés des autorités de Chantilly : MM. Antheaume, maire, Mathieu Vandessel, Jean

---

[1] M. Antheaume avait vendu la manufacture, le 6 février, à l'anglais Christophe Potter.

[2] Le savant naturaliste Valmont de Bomare était depuis 1768 « directeur des cabinets d'histoire naturelle et de physique du prince de Condé et instituteur de ses enfants dans lesdites sciences ».

Delaître, Paul Devailly, Jean-Baptiste Picque, Louis-Jacques-Charles Toupet, officiers municipaux, Patin, procureur de la commune, Lejeune, Mortet, Devailly, Louis Fasquel, Charon dit l'Émerillon, Gaudiveau, Échette, Hautin le jeune, Bellet, Cayolle, notables, et Letourneur, secrétaire. Étaient en outre présents : M. Lemaire, lieutenant de gendarmerie, « MM. les principaux officiers commandant le détachement de 150 hommes des 102°, 103° et 104° régiments stationné à Chantilly par ordre de M. de Wittingoff et commandé par M. Cahine, capitaine au 103° », M. François Moreau, capitaine commandant la compagnie de la garde nationale de Chantilly, et M. Deméautis, lieutenant. Le principal concierge, Jean-François Bourgeois, reçut la garde des bâtiments et du mobilier, sous la caution de sa femme, Marie-Anne-Antoinette Dutailly, de son gendre et de sa fille, M. André-Joseph Antheaume et Marie-Denise-Émilie Bourgeois.

« Les 150 soldats arrivés à Chantilly le 12 juin n'y restèrent pas longtemps. Dès le 5 juillet, le général de Wittingoff, commandant la 17° division militaire, faisait savoir aux autorités du département qu'il y avait lieu de craindre que les mal-intentionnés ne cherchassent à troubler la solennité du 14 juillet à Paris, ce qui l'avait décidé à y réunir pour ce jour toutes les troupes dont il pouvait disposer ; il demandait s'il y aurait des inconvénients à retirer de Chantilly, pour ce temps seulement, le détachement qui y stationnait. Le directoire du district et la municipalité en voyaient de grands, mais le général passa outre, rappela ses hommes le 10 juillet, et annonça au département, le 20, que le décret qui éloignait les troupes de ligne de la capitale le mettait dans l'impossibilité d'en envoyer à Chantilly : c'était au zèle de la garde nationale, disait-il, qu'il fallait recourir pour les suppléer. Mais la municipalité de Chantilly n'avait pas confiance dans la garde nationale. Antheaume voyait se développer de jour en jour autour de lui des influences hostiles, et se déclarait incapable de prendre les mesures de sûreté qu'il jugeait indispensables..... Bientôt le directoire du département jugea prudent d'installer provisoirement à Chantilly la brigade de gendarmerie de Creil ; mais le ministre de la Guerre ne tarda pas à faire savoir qu'il ne pouvait approuver cette décision : il autorisa toutefois la présence à Chantilly de détachements de gendarmerie pendant le cours des opérations que devait entraîner l'application de la loi sur les émigrés » [1].

*
* *

La journée du 10 août 1792 porta au comble l'effervescence des esprits, non seulement dans les grandes villes, mais aussi dans les campagnes où pullulaient les sociétés populaires, dont l'action tendait partout à battre en brèche et annihiler l'autorité des municipalités. Vineuil avait sa Société des Amis de la Liberté et de l'Égalité ; Chantilly avait aussi la sienne, qu'on désignait communément sous le nom de club des Jacobins. Les fortes têtes de ce club étaient l'ancien épicier Hutin l'aîné et le curé constitutionnel Rouard, et, ici comme ailleurs, l'agitation d'une minorité turbulente intimidait la majorité. On peut croire que notre club ne ménagea pas ses félicitations à la commune de Paris et attira son attention sur le repaire de royalistes qu'était Chantilly. Toujours est-il que, dès le 13 août, l'ordre vint de procéder à la destruction des armoiries et insignes féodaux et de démonter la statue de bronze du connétable pour l'expédier à Paris.

Le 14, M. Antheaume, vivement affecté, surveillait l'opération du démontage de la statue, lorsqu'on lui fit part d'un bruit qui courait dans Chantilly : les « Marseillais » arrivent demain, ils couperont tout d'abord quarante têtes d'aristocrates, à commencer par celle du maire, et tout le conseil municipal y passera. M. Antheaume envoya aussitôt un cavalier sur la route de Paris, et, dans la nuit, il apprit qu'une troupe de gens armés venait par Sarcelles sur Luzarches. Le conseil siégeait en permanence ; après une courte délibération, on dépêcha, à 3 heures du matin, un gendarme pour avertir les administra-

---

[1] H. Beaumont, *Le département de l'Oise pendant la Révolution*, dans le *Bulletin* de la Société d'études historiques et scientifiques de l'Oise (Beauvais, 1908-1909).

teurs du district [2] et leur demander conseil. Ceux-ci envoyèrent la gendarmerie à la découverte et ordonnèrent à M. de Marcilly, chef de la première légion des gardes nationales du district, « de mettre sous les armes les deux bataillons de garde nationale du canton de Chantilly, de donner les ordres les plus prompts à cet effet, de prescrire à ces bataillons de se porter à Chantilly pour y maintenir l'ordre, en leur recommandant la plus grande prudence ».

Cet ordre était à peine donné que le District recevait la lettre suivante : « Chantilly, ce 15 août 1792. Messieurs. Ce n'est plus une incertitude que l'avis que M. Antheaume a eu l'honneur de vous donner ce matin. Nous sommes certains que 600 hommes au moins, armés de trois pièces de canon, sont sortis de Paris, et qu'à cinq heures et demie ils partoient de Sarcelles. Dans le moment où nous écrivons ils sont à Luzarches. Nous ne connoissons point les motifs de leur démarche, mais nous savons que le long de la route ils disent qu'ils viennent à Chantilly. Nous réitérons, Messieurs, les demandes faites par M. le Maire. Nous pensons qu'il ne s'agit point d'opposer de la force, et cela n'entre pas dans nos intentions ; mais il seroit bon que vous puissiez nous envoyer des commissaires du District et quelque chef de la garde nationale, afin de bien nous entendre et de prendre tous les moyens de prudence qu'une réunion de lumières nous suggèrera. Le Conseil de permanence réuni : Antheaume, maire, Mathieu Vandessel, Picque, Delaître, Devailly, Mortet, Toupet, Lejeune, Caillole, Letourneur, secrétaire » [2].

M. de Marcilly partit aussitôt et se présenta au conseil général de la commune de Chantilly ; après un court entretien, il envoya prier les administrateurs du district de Senlis de détacher deux de leurs membres, « qui pourroient, par leur présence, ramener non seulement à l'ordre et à la paix ceux qui en se présentant auroient des sentimens contraires, mais même encore ceux qui habitent ce pays ainsi que ceux qui les

---

[1] Le président du district était M. Vatin, et M. Duchaufour était membre du conseil : deux noms très honorablement représentés de nos jours à Senlis.

[2] Archives de l'Oise, Q, 1.

avoisinent, dans l'esprit desquels règne une grande fermentation ». Puis il fit mettre sous les armes les deux bataillons de la garde nationale du canton, et, accompagné de M. Fasquel, officier-général de la dite garde, il se rendit au-devant des Parisiens. Il les joignit à Luzarches, et se trouva en présence du trop fameux bataillon des Récollets, commandé par un officier, Audouin, et conduit par deux commissaires de section de la commune de Paris, Duval d'Estaing et Guérard Homet. Ceux-ci invitèrent MM. de Marcilly et Fasquel à les accompagner à Chantilly, où ils se rendaient « en signe de paix et à l'effet de visiter le château et dépendances et tous autres lieux où pourroit se trouver des armes, dresser du tout procès-verbaux et prendre les mesures que pourront exiger l'intérêt public et le salut de la Patrie, conjointement avec les autorités constituées » [1]. Sur les observations de MM. de Marcilly et Fasquel, ils déclarèrent « persister dans le réquisitoire ci-dessus, qui ne tend à autre chose qu'au salut de la Patrie ». Le détachement traînait trois canons, sous le commandement de Joseph-Protais Pidoux, peintre et capitaine d'artillerie à Paris, section du faubourg et bataillon Saint-Laurent.

Aux Parisiens se joignirent un grand nombre d'individus ramassés sur la route, et notamment les habitants de Coye et de La Morlaye, dont l'esprit passait pour être fort exalté. Il est probable que le nombre des gardes nationaux parisiens ne dépassait pas 250, et, en dépit de ses canons, cette troupe n'aurait pas été redoutable si le genre d'éléments dont elle s'était accrue en route n'avait inspiré les craintes les plus légitimes. En haut de la côte de La Morlaye, la bande fut reçue par MM. Patin et Prez, membres du conseil municipal de Chantilly, par la garde nationale du canton, tous les officiers en tête ; la curiosité avait aussi amené une partie de la population. A l'entrée de Chantilly, toute la bande pénétra sur la Pelouse et vint faire halte près des Écuries, où les canons furent braqués. Là, les commissaires de la commune de Paris exhibèrent leurs pouvoirs, qui portaient l'ordre d'accompagner les citoyens du bataillon des Récollets dans la visite qu'ils se

---

[1] Archives de l'Oise, Q, 1.

proposaient de faire à dix lieues autour de Paris pour visiter les châteaux. Puis le bataillon fit le carré, et l'on procéda au « désarmement d'une partie des citoyens dont les sentimens paraissoient opposés à l'opinion générale » [1], ce qui veut dire que tous ceux qui étaient suspects au club des Jacobins durent déposer leurs armes au milieu du carré.

Une discussion se produisit alors entre la troupe et le meunier de la Canardière, Louis-Maximin Pigeaux, qui manqua tout au moins de la plus élémentaire prudence. Au cours de la dispute, une voix s'écria : « C'est un accapareur de blé et d'argent ». Aussitôt vingt sabres se lèvent sur le malheureux, qui s'échappe et court se réfugier dans la maison de Louis Duhamel, portant aujourd'hui le n° 24, sur la place du Marché. On l'y poursuit, on le découvre dans une chambre, on le larde de coups de sabre ; le corps est jeté par la fenêtre, la tête coupée et fixée au bout d'une pique. Quand le hideux trophée parut dans le carré, ce fut une débandade générale ; tous ceux qui avaient sujet de craindre ne pensèrent qu'à se cacher. M. Antheaume, qui attendait les événements chez lui, à l'hôtel des Juridictions, en face de l'église, fut aussitôt averti et s'échappa par une porte de derrière ; M. Bourgeois, le juge de paix Lejeune, les conseillers Pique, Robinot, Mortet, et d'autres notables, prirent aussi la fuite à la faveur du désarroi. Leurs ennemis les accusèrent ensuite de s'être mis en sûreté avant l'arrivée du détachement de Paris ; mais je suis fondé à croire qu'ils ne lâchèrent pied qu'après le meurtre de Pigeaux.

Le cadavre resta quatre jours sans sépulture : « L'an 1792, le 19 août, a été inhumé dans le cimetière Saint-Laurent par moi, prêtre vicaire de cette paroisse, le corps de défunt Louis-

---

[1] Extrait du registre des délibérations du conseil municipal de Chantilly ; Archives de l'Oise, Q, 1. Le registre même a depuis longtemps disparu des archives de la ville de Chantilly, ainsi que presque tous les documents de 1790 à 1799. Le pauvre historien ne peut que maudire la mémoire de l'excellent homme qui a cru devoir détruire les témoignages de ces temps troublés. A Senlis, la mesure fut moins radicale ; on s'est borné à barbouiller d'encre les pages remplies des signatures apposées par tous les citoyens au bas de l'acte par lequel ils abjuraient le culte catholique (8 mars 1794).

Maximin Pigeaux, meunier à Gouvieux, mort d'hier *(sic)* en cette paroisse, âgé de 30 ans ou environ. Laurent » [1]. En écrivant : *mort d'hier*, le vicaire Laurent mentait sciemment. Je ne sais si, au bout de ces quatre jours, la tête put être jointe au corps dans le cercueil ; c'est le secret du cimetière de l'hospice, où Pigeaux fut inhumé. Onze mois plus tard, sa veuve, Marie-Angélique Martin, épousa Auguste-Alexandre-Stanislas Dupressoir, dont elle n'eut qu'une fille qui mourut jeune. Le fils du premier lit, Nicolas-Maximin Pigeaux, posséda plus tard le moulin de la Canardière. La descendance de M. Dupressoir, représentée de nos jours par Mlles Barbier, est issue d'un second mariage.

Cet événement laissa des traces si profondes dans les esprits que, vingt-deux ans après, un témoin oculaire, Jean-Baptiste Jacquin, brigadier des chasses et économe de la Ménagerie en 1792, put en tracer un récit exact à son ancien chef, le chevalier de Contye :

« ...Après le dix août, plusieurs méchants sujets de Chantilly, principalement le vieux Hautin, ont écrit à leurs compatriotes de Paris que s'ils ne venoient pas promptement à leur secours, tous les bons patriotes de Chantilly seroient égorgés ; que M. Antheaume, homme affidé du prince, avoit fait armer tous les aristocrates de Chantilly. Il avoit une si grande jalousie contre M. Antheaume, de ce qu'il avoit été nommé maire malgré toutes les cabales qu'il [Hautin] a employées pour se faire nommer. En effet, le 15 août il est sorti de Paris 50 à 60 hommes avec deux pièces de canon, pour venir à Chantilly. Un ami de M. Antheaume, venant de Paris, ayant vu ces gens là et ayant entendu quelques paroles qui marquoient qu'ils venoient à Chantilly, est venu grand train pour en prévenir M. Antheaume. M. Antheaume, ne sachant que faire dans une pareille circonstance, en donna avis à M. Becht, qui étoit commandant de la garde nationale du canton. Il fut convenu qu'il falloit avertir toute la garde nationale des environs, afin de s'opposer si toutefois ils venoient, sans mission, pour faire du mal, ou pour leur faire honneur s'ils venoient par *ordre du*

---

[1] Registre de la paroisse, aux archives de la ville de Chantilly.

Gouvernement. Quand Hautin a vu au moins mille hommes environ armés arriver à Chantilly, il a envoyé secrètement au devant d'eux jusqu'à Luzarches pour les prévenir qu'ils se mettent sur leurs gardes, attendu que M. Antheaume avoit fait rassembler dix à douze cens hommes pour les fusiller au bois Bourillon en passant. Il faisoit cela pour les animer, car il savoit bien qu'on ne vouloit pas faire du mal ; d'ailleurs il savoit bien que dans ce rassemblement M. Antheaume auroit eu beaucoup d'ennemis. Mais M. Antheaume ayant envoyé M. Patin et M. Prez, officiers municipaux, avec leur écharpe, au devant d'eux jusqu'à la montagne de La Morlaye, pour lors, quand les chefs ont vu qu'on venoit au devant pour les recevoir avec honneur, ils ont bien vu qu'il y avoit du faux dans la lettre qu'on leur avoit écrite. Enfin ils sont venus jusqu'aux Fontaines, où les gardes nationaux étoient rangés sur deux rangs, et il a été ordonné qu'on allât sur la Pelouse, où l'on feroit bataillon carré, et que le premier qui quitteroit les rangs on pouvoit tirer dessus. Vous devez bien penser de quelle part venoit cet ordre. En effet on a fait bataillon carré et on a appelé tous les gens de la maison pour qu'ils déposent leurs armes au milieu du carré. Le nommé Pigeaux, meunier à la Canardière, ayant eu quelque difficulté avec quelqu'un, on a crié après lui à l'accapareur. Il a voulu fuir ; on a couru après lui à coups de sabre ; il a monté dans une chambre chez Duhamel, où on l'a martyrisé à coups de sabre et pique, et l'ont jeté par la croisée, et lui ont tranché la tête, et l'ont portée dans le bataillon carré au bout d'une pique comme s'ils avoient remporté une grande victoire ; mais aucun de ceux de Paris ne s'en sont mêlés. Mais comme Hautin vouloit se faire constituer maire, il falloit qu'il fasse tout son possible pour faire enlever M. Antheaume, maire. On l'a averti de ce dessein, il a fui de suite par la porte de derrière, heureusement, avant qu'on mette des sentinelles. Comme ces messieurs de Paris avoient amené avec eux plusieurs de ces coupe-têtes, les trois quarts de Chantilly a été coucher dans la forêt, quoique cependant les chefs de Paris n'avoient aucune mauvaise intention ; mais plusieurs mauvais sujets avoient porté le bruit qu'il leur falloit plusieurs têtes pour le lendemain. Je me suis sauvé de la Ménagerie à minuit, laissant ma femme avec sa sœur et la servante à la grâce de Dieu. »

Un fervent royaliste, l'avocat Regnaud, qui se trouvait alors à Chantilly, conta l'événement dans un livre publié trois ans plus tard [1] : « ...A peine avoit-on eu le tems de voir ces brigands s'étendre sur la Pelouse que l'on aperçut une tête portée au bout d'une pique. Cette atrocité fit sur le champ rentrer chacun chez soi avec effroi ; elle fut peut-être cause que l'on n'exécuta pas les horribles desseins que l'on avoit ; car, aussitôt ce meurtre, presque toute la municipalité s'évada avec beaucoup d'autres, en sorte que quand les brigands voulurent les prendre ils ne trouvèrent plus personne. Celui qui avoit eu la tête coupée étoit un meunier des environs qui avoit pris querelle avec ces brigands sur la route ; il étoit même un peu dans le vin. On a regardé que ce malheur particulier avoit pour ainsi dire sauvé la ville en ce qu'il avoit effrayé les esprits et laissé le tems à chacun de s'évader. Les chefs de la troupe firent désarmer sur le champ toute la ville ; chaque habitant eut ordre d'apporter son fusil et ses armes, ce qui fit craindre les plus grands malheurs pour cette nuit, mais elle ne se passa que dans de grandes inquiétudes, sans accident... Dès le lendemain matin, je m'échappai avec ma famille à travers les bois... ».

Le soir du 15, la garde nationale du canton fut licenciée et rentra dans ses foyers. Le bataillon parisien fut logé chez l'habitant, à l'exception d'un détachement commis à la garde des canons et qui coucha sous les tentes dressées près des Écuries. Un membre du conseil général de Senlis, M. Le Roy, délégué à Chantilly dans la journée, en rapporta l'assurance que tout s'était bien passé : « M. Marcilly, chef de légion, et M. Fasquel, adjudant-général, accompagnés de M. Lemaire, lieutenant de la gendarmerie, avoient été reconnoître la troupe jusqu'à Luzarches, qu'elle s'étoit présentée en bon ordre, et que si la tranquillité de Chantilly étoit troublée, ce n'étoit que

---

[1] *La Journée du 10 aoust 1792*, par M. Regnaud, de Paris. A Paris, de l'imprimerie de Crapart, 1795, in-8°, pp. 150-159. — Voir aussi *Le Pillage et la destruction de Chantilly* (1789-1799), par M. Frédéric Masson ; articles publiés dans l'*Écho de Paris* des 26 octobre, 2, 17 et 26 novembre 1910.

par les discussions élevées entre les gardes nationales des deux
bataillons (du canton de Chantilly), qui exigeoient que ceux des
habitans du lieu qui avoient pris les armes dans ce jour pour
la première fois et s'en étoient dispensés depuis la Révolution,
missent bas les armes... » [1]. Optimisme de commande.

Le lendemain 16, MM. Vatin, Laurens, Duchaufour et Bedel,
administrateurs du conseil du district, se rendirent à Chantilly,
« où, après avoir entendu les commissaires de l'une des
sections de la capitale, ils ont appris d'eux qu'ils avoient
mission de se transporter à dix lieues de Paris pour détruire
toutes les traces de l'ancienne féodalité » [2]. Ce même jour, le
notaire Patin, procureur de la commune, et les sieurs Mathieu
Vandessel, Toupet, Devailly et Delaître, officiers municipaux
restés à leur poste, reçurent l'ordre de convoquer les électeurs
dans l'église paroissiale à l'effet d'élire une nouvelle municipalité. Pour assurer le succès des Jacobins, les commissaires
de Paris firent procéder à l'élection « non par la forme du
scrutin, mais par l'appel nominal, qu'ils ont dit être la forme
présentement adoptée par les sections de la capitale. Le résultat
de cette assemblée a donné pour maire M. Hautin l'aîné, pour
officiers municipaux MM. Devaux, Vion, Louis-Denis Moreau,
Deshayes, Gaudiveau, M. Marozeau pour procureur de la
commune, et pour notables MM. Deméautis fils, Mérien, Genty,
Guyard, Saligny, Manceau, Lionnet, Maincent le jeune, Hautin
le jeune, Grandvalet, Denis Moreau et Thomas [3] ». Le curé
Rouard fut choisi comme secrétaire. Ces choix n'étaient pas
tous mauvais ; nous retrouvons là plusieurs de nos bons bourgeois de l'ancien régime, notables commerçants, quelques-uns
fort riches pour l'époque. Si l'on met à part l'exaltation des
meneurs, le jacobinisme de ces gens-là consistait à suivre
le courant pour éviter de se compromettre, et leur intérêt bien
entendu leur ordonnait de se plier aux circonstances ; je ne
vois pas d'ailleurs comment ils auraient pu faire autrement.

---

[1] Archives de la ville de Senlis.

[2] Archives de la ville de Senlis.

[3] Extrait du registre des délibérations du conseil municipal de Chantilly. Archives de l'Oise, Q, 1.

En somme, le résultat des nouvelles élections fut d'écarter les royalistes avérés, les anciens agents du prince de Condé, dont les principaux avaient pris la fuite. Ceux qui restèrent ne furent pas inquiétés : la Terreur ne sévit pas encore.

Pendant que les commissaires parisiens se consacraient aux affaires publiques, leurs hommes se livraient à des divertissements variés dont les poissons et les oiseaux du prince firent surtout les frais [1], sans parler des visites que reçurent ses caves. Les artilleurs, brûlant du désir d'utiliser leurs canons, les braquèrent sur la Renommée en plomb qui surmontait le dôme des Écuries ; ils manquaient sans doute d'expérience, car aucun boulet ne toucha le but. La Religion ne fut pas oubliée : un enfant étant né chez un ouvrier nommé Bouché, « la municipalité nomma, pour le tenir sur les fonts, Joseph-Protais Pidoux, peintre et capitaine d'artillerie, de Paris, et Anne-Scolastique Debeauvais, femme de Hautin le jeune, marchand ». Le baptême fut célébré le vendredi 17 par le vicaire Laurent, et l'enfant reçut les noms de Joseph-Protais-Ami de l'Égalité. Sur le registre de la paroisse apposèrent leur signature : Pidoux, femme Hautin, Duval d'Estaing, membre de la commune de Paris, Hautin l'aîné, maire, Devaux, Moreau fils, Gaudiveau, Lejeune, Laurent, vicaire.

« Dudit jour vendredy 17, la proclamation de la nouvelle municipalité fut effectuée à la satisfaction des habitans de Chantilly, et il ne falloit rien moins que les nouvelles élections pour ramener le calme dans les esprits agités. Ensuite MM. les commissaires de Paris se sont présentés à la nouvelle municipalité à l'effet d'obtenir quelques officiers municipaux pour les accompagner dans la perquisition qu'ils entendoient faire au château pour faire abattre les armoiries partout où ils en trouveroient et enlèver les bronzes et plombs... La Municipalité a arrêté qu'elle les accompagneroit elle-même dans cette opéra-

---

[1] La Ménagerie fut alors complètement ruinée. Voir *France in 1802, described in a series of contemporary Letters*, by Henry Redhead Yorke, edited and revised by J. A. C. Sykes. London, 1806, in-8°. P. 36 44, Journey to Chantilly and Description of that Place. — Voir aussi dans Gustave Loisel, *Histoire des Ménageries* (Paris, Laurens, 1912), le chapitre que j'ai rédigé sur la Ménagerie de Chantilly.

tion, à l'exception de ceux des officiers municipaux nécessaires
pour la tenue de la séance permanente, comme aussi que six
membres de la garde nationale leur seroient donnés pour main-
forte... [1] ». Le samedi 18, les commissaires continuèrent leurs
opérations ; la grande distraction du jour fut la descente de la
Renommée en plomb qui surmontait le dôme des Écuries ; le
serrurier Toupet fut requis de prêter son concours à cette
difficile besogne. Quelques désordres ayant été commis dans le
château, la municipalité adressa la lettre suivante aux administrateurs du district de Senlis :

« Messieurs, vous recevrez, avec la présente, expédition des
procès-verbaux qui constatent les élections des membres composant la municipalité et le conseil général de la commune de
Chantilly. Vous connoissez, tant par les renseignemens qui
vous ont été donnés par M. Marcilly, chef de la 1re légion du
district, que par la lettre dont il a bien voulu se charger, la
position critique dans laquelle se trouve la nouvelle municipalité, chargée de conserver les biens séquestrés, abandonnés
depuis plusieurs jours par les gardiens que vous aviez choisis,
de pourvoir aux besoins des malades de l'hôpital, abandonnés
par le chirurgien [2], n'ayant aucuns renseignemens à espérer
des officiers municipaux anciens restant sur ceux qui ont abandonné leur poste dans ces moments de crise. La fuite du juge
de paix (Lejeune) qui ajoute encore à la difficulté des circonstances, et par dessus tout l'indignation des citoyens que nous
avons peine à contenir, la tranquillité publique qui ne repose
que sur la confiance des citoyens dans leurs nouveaux magis-

---

[1] Extrait du registre des délibérations du conseil municipal de Chantilly. Archives de l'Oise, Q, 1.

[2] Le chirurgien Allouel avait rejoint le prince de Condé au printemps
de 1792 et avait été remplacé provisoirement par le chirurgien Goubaux,
attaché à l'hôpital Saint-Louis à Paris et mis en congé régulier. Le
16 août, Goubaux s'empressa de regagner Paris ; il fut remplacé à
l'hôpital de Chantilly par le chirurgien Louis-Charles Gattré, qui était
fixé à Chantilly depuis une dizaine d'années. Gattré avait épousé Jeanne-
Étiennette Chalot, veuve de Noël Poileux, marchand de dentelles au
Mesnil-Aubry, et, du chef de sa femme, posséda jusqu'en 1783 une maison
de Saint-Firmin qui est aujourd'hui représentée par la maison dite de la
Nonette, habitée par M. le comte Henri de Clinchamp.

trats, tout vous fait un devoir de vous montrer zélés pour la cause commune, que nous défendrons jusqu'à la mort ; et quant aux biens séquestrés, nous vous avons donné tous les renseignemens qui sont en notre connoissance [1] ».

Le District envoya toutes les pièces au Département, qui protesta tout d'adord, par une lettre adressée au président de l'Assemblée Nationale, contre l'expédition entreprise par la garde nationale parisienne en dehors des limites de son département ; puis il arrêta que le directoire du district de Senlis nommerait deux commissaires qui se transporteraient à Chantilly à l'effet d'y dresser le procès-verbal détaillé des événements et de procéder au récolement des biens et objets séquestrés.

Le dimanche 19, jour de la fête patronale, on commença par perquisitionner dans la maison de Claude Mortet, contrôleur de la Vénerie du prince, « dénoncé d'avoir en dépôt chez lui des objets précieux appartenant à la Maison de Condé » ; on y découvrit en effet « des objets en or et en argent », et Mortet fut un moment arrêté et menacé d'être emmené à Paris. « Le surplus de la journée s'est passé en un banquet donné par les habitans de Chantilly à MM. les commissaires, officiers et gardes nationales de Paris, et en amusemens militaires sur la Pelouse [2] ». Avant le banquet, le Conseil municipal avait délivré ce certificat aux défenseurs de l'ordre : « L'assemblée, en terminant ses opérations, reconnoît de sa justice et de son devoir de témoigner à MM. Marcilly et Ladvocat, chefs de légion, leurs adjudants généraux et particuliers, MM. les commandants en chef, commandants en second et adjudants de bataillon, capitaines et fusiliers des compagnies, ainsi qu'à MM. les officiers et gendarmes nationaux, la gratitude de l'assemblée pour les peines et soins qu'ils ont pris pour maintenir l'ordre et la paix depuis deux jours [3] ».

« Du lundi 20. MM. les commissaires de Paris, toujours accompagnés des officiers municipaux, ainsi que de MM. Mar-

---

[1] Archives de l'Oise, Q, 1.

[2] Extrait des délibérations du Conseil municipal de Chantilly. Archives de l'Oise, Q, 1.

[3] Registre des délibérations du Conseil municipal de Senlis. Archives de la ville de Senlis.

cilly, chef de légion, Degouge, adjudant-général, Fasquel, sous-adjudant, Betch, commandant de bataillon, et autres officiers, qui ont été présents depuis mercredi 15 à toutes les opérations et qui ont contribué de tout leur pouvoir au maintien de l'ordre, ont continué leurs recherches au château et partout où ils ont cru devoir le faire dans les dépendances d'icelui. Ils en ont enlevé et fait charger sur des voitures les effets qu'ils ont cru devoir faire transporter à Paris [1] ». Puis une dernière dénonciation mena les commissaires chez le tailleur Gaspard Eubiger, où l'on saisit des effets appartenant au prince de Condé. Enfin, sur les 6 heures du soir, la garde nationale parisienne reprit le chemin de la capitale avec son butin, escorté par des gardes nationaux de Chantilly.

Dans les archives du Musée Condé [2], j'ai relevé la note suivante, envoyée au prince par un ami de Paris, le 23 août : « J'ai vu arriver hier tous les effets qui ont été pris à Chantilly, le Connétable, la Renommée de sur les écuries, deux chevaux en plomb qui étoient dans ces mêmes écuries (dans le bassin du dôme), trois voitures de selles et effets, ustensiles d'écurie. Tout ceci fut présenté à l'Assemblée Nationale par des gardes nationaux de l'endroit. On but huit pièces de vin qui étoient dans la cave de celui chez lequel on a trouvé des selles neuves, et ce vin étoit, à ce qu'on assure, à un aubergiste son voisin, tout près de l'église (Petit, à l'hôtel de l'*Épée*). J'ai causé avec deux patriotes de Paris ; il paroît qu'ils n'ont laissé à M. de Condé ni poissons dans ses étangs et canaux, ni volailles à la Ménagerie. Tous les chevaux de sa ferme et les fourgons et voitures ont été employés à charrier ces effets, et on garde ici les chevaux et voitures, qui nous serviront à notre artillerie ».

Chantilly était à peine remis de cette chaude alerte que les inquiétudes reparurent. Le dimanche 26 août, on vit arriver, venant de Creil, une nouvelle troupe de gardes nationaux

---

[1] Extrait des délibérations du Conseil municipal de Chantilly; archives de l'Oise, Q, 1.

[2] Série Z, tome LXIX, f. 272.

parisiens, commandée par le sieur Gaultier de Coutance [1].
Elle envahit le château et enleva « différents effets compris au
séquestre, comme tentes, armes, figures en bronze et autres
objets », qui furent aussitôt chargés sur des voitures réquisi-
tionnées. Les officiers municipaux ayant essayé de protester,
Gaultier de Coutance exhiba « des pouvoirs des administrateurs
de police, membres du Comité de Surveillance, et persista dans
l'enlèvement, en donnant seulement une reconnoissance des
principaux objets composant le chargement [2] ». Parti le 28, il
se rendit à Paris, et revint à Chantilly le 1er septembre avec
son détachement ; il entreprit la démolition des fontaines et
jets d'eau, et l'enlèvement des plombs, tuyaux, bassins, etc. ;
à la Ménagerie, la ruine fut complète. Le 3, les gens de Gaultier
de Coutance n'avaient pas encore quitté Chantilly et Vineuil.
La municipalité ne put que rendre compte de ces excès au
District de Senlis, et celui-ci au Département.

Le 28 août, les administrateurs du district de Senlis, MM.
Vatin, Duchaufour, Laurens et Henry, s'étaient rendus à
Chantilly pour procéder, de concert avec la municipalité, au
récolement des objets séquestrés. Ils constatèrent le pillage du
cabinet des armes, la disparition de beaucoup d'effets mobiliers,
de bronzes et d'objets d'art, la mutilation des bustes et statues
des princes de Condé. Dans la chapelle, « le premier détachement a enlevé deux calices et leur patène d'argent doré ; quant
à la croix d'or émaillé, les chasubles et autres ornements, ils
ont été transportés au lieu des séances de la municipalité ; la
cloche a été emportée par le deuxième détachement..... La
statue équestre de Louis XIV en métal (argent) a été enlevée,
et le socle en marbre a été brisé par le second détachement.....
La statue équestre du Connétable, un jeune homme tirant une

---

[1] Coutance est un écart de Neuilly-sous-Clermont. Marie-Benoît
Gaultier de Montgeroult, chevalier, seigneur de Coutance, avait embrassé
avec ardeur les idées nouvelles. Il fut assassiné par un de ses domes-
tiques à Coutance le 18 juin 1799 ; il n'avait que trente-deux ans (voir
J. Crépin, *Monographie d'Auvillers et de Neuilly-sous-Clermont*,
Abbeville, Paillart, 1906, p. 44). M. l'abbé Beaudry a conté en détail
l'odyssée de Gaultier de Coutance dans plusieurs numéros de *La Gazette
libérale et le Semeur de l'Oise* (Clermont, décembre 1910).

[2] Archives de l'Oise, Q, 1.

épine de son pied (le *Tireur d'épine* qui est au Louvre), un Neptune et un jeune homme tenant un oiseau, ont été emportés par le premier détachement », etc., etc. En l'absence de M. Bourgeois, « et en attendant son retour, Claude Blampied, dit la Senne, fut nommé gardien-séquestre [1] ».

Quelques jours après, deux commissaires, Alexandre, chef de la 1re légion de la garde nationale parisienne, et Desbouillon, commandant la division des volontaires du Finistère cantonnés à Paris, furent délégués à Chantilly par le Pouvoir exécutif provisoire, avec mission de prendre sur les lieux et d'amener dans la capitale les selles, brides, housses, harnais, voitures, tombereaux, fourgons, etc. On y ajouta des toiles, filets et cordages servant autrefois aux chasses de sangliers. Les commissaires proposèrent au ministre de la Guerre d'enlever aussi les matelas, couvertures, traversins, sommiers, paillasses, couchettes, plomb, bois et linge qu'ils jugeaient utiles au camp qu'il était question de former sous Paris. Le ministre leur répondit que leurs pouvoirs étaient illimités, et, en présence de deux administrateurs du district de Senlis, on fit, le 17 septembre, un premier chargement de 28 voitures ; un second, presque aussi important, eut lieu le 23 [2].

M. Bourgeois ne demandait qu'à reprendre son poste, mais il voulait être rassuré. Il écrivit au directoire du district de Senlis pour expliquer son absence : « Les événemens arrivés à Chantilly le 15 août ont inspiré à toutes les personnes honnêtes une terreur d'autant mieux fondée que, comme vous le savez, il avoit été formé par des malveillants une liste de proscription dans laquelle j'étois compris avec ma famille. Le crime commis en la personne du sr Pigeaux m'annonçoit à quoi je devois m'attendre si une prompte fuite ne m'avoit soustrait aux projets sanguinaires de mes ennemis... ». Il se

---

[1] Archives de l'Oise, Q. 1. — Pierre-Claude Blampied, dit la Senne, mourut à Chantilly le 22 janvier 1805, à l'âge de soixante-quatre ans. Le surnom de *la Senne* lui venait de l'emploi de pêcheur, fonction que sa famille exerçait depuis un siècle au service des princes de Condé.

[2] H. Baumont, *Le département de l'Oise pendant la Révolution.* — Nous ferons de fréquents emprunts à ce remarquable travail, malheureusement inachevé, de l'ancien proviseur du Lycée de Beauvais, enlevé à la force de l'âge et dans la plénitude de son talent le 10 mai 1909.

déclarait prêt à revenir à Chantilly si on lui garantissait sa pleine et entière sûreté. Il est probable qu'on ne lui répondit pas, non plus qu'au juge de paix Lejeune, qui adressa la même demande. C'est le curé Rouard qui fut nommé juge de paix du canton. Quant à M. Antheaume, il se tenait caché à Senlis ; le 23 octobre, il informa le directoire du district qu'il donnait au sieur Dufresnoy, homme de loi demeurant à Senlis, sa procuration générale pour vaquer à ses affaires et à la recette des domaines séquestrés. La municipalité de Chantilly fulmina, et fit parvenir au Département les plus violentes protestations ; le ministre de l'Intérieur excusa « l'excès de zèle et de civisme que les circonstances semblent avoir en quelque sorte justifié », et M. Antheaume fut suspendu de ses fonctions de régisseur.

*
* *

Dans sa correspondance avec les divers ministres, le conseil général de l'Oise reconnaissait que les richesses immenses de Chantilly étaient au pillage ; mais il défendait les administrateurs du district de Senlis contre « toutes les délations » dont ils étaient l'objet : « Si nous avions quelques reproches à faire, écrivait-il au ministre de l'Intérieur (17 octobre), à ces administrateurs qu'on nous a traduits plus d'une fois comme des enragés, et qu'on acccuse aujourd'hui d'incivisme, ce seroit d'avoir peut-être trop adopté les idées de celui des deux partis qui domine aujourd'hui dans Chantilly. Il nous paraissoit qu'ils étoient trop animés l'un contre l'autre pour pouvoir en favoriser aucun, et qu'au risque de les mécontenter tous deux, il falloit les contenir l'un par l'autre ». L'ancienne municipalité, ajoutait-il, composée dans sa majorité de membres attachés aux intérêts du ci-devant prince de Condé, avait rempli tous ses devoirs avec exactitude parce qu'elle était en quelque sorte sous la surveillance de l'autre parti.

Le 19 octobre, il adressait au district de Senlis la lettre suivante : « .....La municipalité de Chantilly est fort ardente à dénoncer les abus et à accuser tous ceux auxquels elle croit pouvoir se prendre de son impuissance à les arrêter. Mais nous ne voyons pas ce qu'elle fait pour se conformer à ses devoirs.

Nous lui avons demandé si elle avoit dressé des procès-verbaux des dégâts commis, et quel usage elle avoit fait de sa garde nationale pour prévenir ou arrêter le brigandage. Il se pourroit que ce langage fût très nouveau pour elle, et qu'elle eût cru remplir toute justice en vous prévenant des dévastations et en se livrant avec ardeur à des délations parceque des administrateurs éloignés n'empêchent ce qu'elle seule peut arrêter. Elle ne voit pas que ce seroit elle qui seroit dans le cas d'être dénoncée pour n'avoir tenté aucun des moyens que la loi met en son pouvoir pour réprimer les malveillances. Sa conduite ne peut, citoyens, devenir votre règle et votre mesure, et, quoi qu'il en puisse être de ses intentions particulières à votre égard, il ne faut considérer que les intérêts de la Nation, qui seroient d'autant plus compromis qu'ils se trouveroient en des mains peu exercées, et confiés à des administrateurs plus occupés de trouver dans l'exercice de leurs fonctions les moyens de servir des ressentiments particuliers que d'être utiles à la République. Vous devez donc vos instructions à cette municipalité pour diriger les démarches qu'elle doit faire pour maintenir les propriétés nationales de Chantilly contre les brigands, pour constater les dégâts, pour chercher la trace des auteurs de ces désordres, et pour mettre l'administration et le pouvoir exécutif à portée de prendre des mesures plus efficaces. Nous vous recommandons avec instance de remplir ce devoir ».

La municipalité de Chantilly, tout en protestant de ses bonnes intentions, se déclarait impuissante à constater « les déprédations qui ont lieu journellement » par des procès-verbaux pour lesquels il lui faudrait un temps que ne lui laissaient pas ses occupations multipliées ; en second lieu, ces vols se faisaient la nuit et ne laissaient aucune trace qui permît d'en découvrir les auteurs et de les faire poursuivre ; quant à la garde nationale, elle n'était pas assez nombreuse, surtout depuis le départ pour les frontières d'un grand nombre des meilleurs citoyens, et ne pouvait assurer la garde des propriétés très vastes de M. de Condé. La municipalité ne cessait de réclamer « une force imposante », indispensable si l'on voulait rétablir l'ordre : « Le poisson, les plombs et le bois sont les objets sur lesquels on se porte plus particulièrement. L'on a volé cette nuit au Pavillon chinois, dans le parc de Sylvie, 600 livres de plomb... » (20 octobre). Pour mettre un terme aux dévastations que subissaient les étangs et les canaux, on fit vendre le poisson du 18 au 30 octobre, ce qui rapporta, déduction faite des frais, 1.016 livres ; une nouvelle vente, en mars 1793, produisit 1.002 livres. Le 3 novembre 1792, un détachement de 100 hommes de la garde nationale parisienne arrivait à Chantilly pour veiller à la conservation des propriétés séquestrées ; la présence de cette troupe ne mit pas fin aux vols et aux déprédations [1].

Dès 1790, M. Antheaume avait fait pratiquer dans le château, sous la terrasse du Connétable et ailleurs, un certain nombre de cachettes où il avait dissimulé bon nombre d'objets précieux. Le secret fut d'abord bien gardé. Mais au mois de mars 1793, un vieux maçon que l'on soupçonnait d'avoir été employé à cette besogne, prit peur devant les objurgations et les menaces, et indiqua une cachette dans un « caveau de la maison d'arrêt », c'est-à-dire à l'hôtel des Juridictions, en face de l'église ; et cette première trouvaille en amena d'autres. Le 25 mars, Barthélemy Hautin, maire de Chantilly, remit à la Monnaie de Paris « le vermeil et l'argenterie retirés d'un caveau de la maison d'arrêt et dans les tours du château, appartenant au ci-devant prince de Condé, émigré, aux armes duquel est ladite argenterie ». Le directeur de la Monnaie, Roëttier, l'estima à la somme de 105.262 l. 15 s. 8 d. Puis on découvrit des cachettes contenant des bijoux, des objets d'art, bronzes, pendules, dessins, porcelaines, laques, etc., et la Convention députa deux de ses membres, Thibaut et Bezard, à Chantilly pour surveiller les trouvailles. Enfin le ministre de l'Intérieur chargea la Commission des Monuments d'envoyer des hommes compétents « pour rechercher, examiner et connoître les choses remarquables et précieuses relatives aux sciences, lettres et arts ». Le 1er mai, Moreau, le célèbre graveur, Puthod, adjudant-général des armées de la République, tous deux membres de la Commission des Monuments, accompagnés de Bernardin de Saint-Pierre, intendant du Jardin des Plantes et du Cabinet

---

[1] H. Baumont, *Le département de l'Oise pendant la Révolution.*

d'Histoire naturelle, Delamarche, botaniste des herbiers du Cabinet d'Histoire naturelle, Valenciennes, chargé des préparations de ce cabinet, et Gaillard, marchand naturaliste, se rendirent à Chantilly, où ils commencèrent leurs opérations le lendemain sous le contrôle des deux députés de la Convention. Le 26, ils signèrent l'état de tout ce qui devait être transporté à Paris [1], et le mobilier fut aussitôt mis aux enchères publiques, sauf les cuivres, plombs, fourneaux, chaudières, qui furent expédiés à l'hôtel des Monnaies. La vente dura plusieurs mois [2].

La dispersion de toutes ces richesses ne profita pas à la population de Chantilly, où la misère était grande ; le prix du blé s'était élevé, et le peuple trouvait difficilement du pain. Le 4 mars 1793, le capitaine des volontaires cantonnés à Chantilly se rendit à Senlis pour représenter au conseil municipal combien l'irritation devenait violente dans tout le canton ; il était urgent de prendre des mesures pour obliger les cultivateurs à mieux approvisionner le marché au blé. Ce n'est que le début d'une situation lamentable qui deviendra un véritable état de famine ; dans les trois années qui vont suivre, le peuple connaîtra plus d'une fois les angoisses de la faim.

Cette triste situation matérielle s'aggravait de l'exaltation des esprits ; c'était le temps où il était utile, souvent nécessaire, de se montrer bon jacobin, de se mettre au ton du jour, de renier les anciens sentiments et de renoncer aux pratiques surannées. Le malheureux curé constitutionnel, qui avait marché parmi les avancés, se trouva bientôt en arrière. Le 7 juin, il fut l'objet d'une dénonciation adressée à Marat par un gendarme de Chantilly : « Citoyen député, Chantilly est gangrené d'aristocratie, et le curé ne contribue pas peu à éteindre le patriotisme : c'est un hypocrite de première classe. Voici un fait dont j'ai été témoin. Depuis six semaines, ce canton est affligé d'une sécheresse désastreuse ; croiriez-vous que l'homme

---

[1] Cet état est conservé aux Archives de l'Oise, Q, 5.

[2] Le 28 mai 1793, le maire de Paris, Pache, adressait l'avis suivant aux présidents de section : « Citoyen président, je vous serai obligé de donner avis à l'assemblée générale de votre section que la vente du mobilier de Chantilly continue à se faire, et que vendredi prochain 31 de ce mois doit commencer la vente du linge et des glaces » (Archives du Musée Condé).

de Dieu que je dénonce a fait entendre à ses paroissiens qu'il falloit aller en procession à une lieue d'ici, à la paroisse de Gouvieux, où se trouve une image de sainte Geneviève, pour la prier de faire pleuvoir, ce qui a été exécuté le 28 du passé. Observez que le cafard a attendu pour faire cette proposition que le baromètre fût au variable ; et comme il est effectivement tombé le jour même quelques gouttes de pluie, il en a pris sujet de fanatiser le peuple. Citoyen, je vous dénonce notre curé comme un homme très dangereux, vu la multiplicité des places qu'il occupe; car il n'est pas seulement prêtre en fonctions, mais juge de paix du canton, mais administrateur du département ». Marat publia cette dénonciation dans le n° 212 de son journal (*Publiciste de la République françoise*, 10 juin 1793), et la fit suivre de la « Réponse de l'Ami du Peuple : Si la dénonciation est fondée, comme j'ai lieu de le croire, j'invite les bons citoyens de Chantilly à surveiller leur curé. En cas qu'il vienne encore à malverser, qu'ils veuillent bien m'en donner avis, je le mettrai à la raison ». Le pauvre curé se mit lui-même à la raison : un moment incarcéré, il se maria l'année suivante et fit souche.

La Terreur fit son entrée dans le district de Senlis le 1ᵉʳ août 1793 avec Collot d'Herbois et Isoré, membres de la Convention, chargés par le Comité de Salut public de « sans-culottiser » le département de l'Oise. Aussitôt des listes de suspects furent dressées dans chaque commune, et les arrestations commencèrent. Le château de Chantilly fut choisi comme maison de détention, et le premier convoi de prisonniers y arriva le 28 août. Je ne veux pas refaire après le président Alexandre Sorel l'histoire de cette triste époque [1] ; je dois cependant dire quelques mots de cette nouvelle affectation du château des Condé, en m'aidant des documents manuscrits et surtout de relations dues à la plume de deux prisonnières de marque [2].

---

[1] *Le Château de Chantilly pendant la Révolution*, par Alexandre Sorel. Paris, Hachette, 1872.

[2] *Les Prisons en 1793*, par Mme de Bohm, née Girardin. Paris, Bobée, 1836. — *Journal des prisons de mon père, de ma mère et des miennes*, par Mme la duchesse de Duras, née Noailles. Paris, Plon, 1889. — M. Bucquet, de Beauvais, a aussi laissé une relation (encore inédite) de son séjour à Chantilly (bibliothèque de la ville de Beauvais).

La municipalité ne ménagea pas son zèle. Le 8 septembre, elle adressa la lettre suivante au Comité de Sûreté générale de Senlis : « Citoyens. En conformité de votre lettre de ce jour, nous venons de donner la consigne la plus sévère pour qu'aucune personne ne s'introduise dans le ci-devant château sous quelque prétexte que ce soit. Vous pouvez compter sur notre zèle et nos soins assidus et être persuadés qu'en procurant aux détenus leur nécessaire, nous surveillerons toujours leur conduite et leur correspondance. Dévoués comme vous, citoyens, au bien public et à la sûreté générale, nous serons toujours reconnaissants des avis que vous nous donnerez pour l'affermir. Les membres du Conseil général de la commune, Hautin, maire, Maincent, Deshayes, Gaudiveau, Thomas, Vion, Manceau, Saligny, Hautin le jeune, Grandvalet, Devaux ». La garde du château fut confiée au détachement de la gendarmerie nationale de Paris qui se trouvait alors à Chantilly sous les ordres de l'adjudant-général Douay.

A Chantilly même, les arrestations commencèrent le 10 septembre ; vingt-huit personnes, dont sept femmes et trois enfants, furent emprisonnées ce jour-là ; citons l'ancien évêque de Chalon, Joseph-François d'Andigné de la Chasse, qui avait fait bâtir et habitait l'hôtel-de-ville actuel avec son neveu, aussi emprisonné avec sa femme ; Bernard Marigny, employé dans la Marine, sa femme et sa sœur ; la veuve de l'architecte Leroy, qui était mort en 1791 ; Levasseur, Mortet, les demoiselles Aubry, le notaire Patin, le maître-de-poste Chalot, l'huissier Bellet, le plombier Demailly, le jardinier Breteuil, le manufacturier Potter, Baudet, Blampied dit la Senne. M. Chalot fut remis en liberté le 25 octobre ; le plombier, dont on eut besoin pendant l'hiver, fut provisoirement relâché le 4 janvier, sous la responsabilité de la commune. Tous les autres furent transférés peu après à Saint-Paul de Beauvais, car on jugeait dangereux de les garder à Chantilly même. Treize autres habitants furent incarcérés le 7 octobre, dont Robinot, Brillouet, Duquesnoy, Gouverneur, Pincebourg, Marchand, Connétable, la veuve Baudet, Morin, Marchand. Robinot, Duquesnoy et Morin furent relâchés peu après. Puis il y eut des arrestations partielles jusqu'au mois d'avril ; Mathieu Vandessel fut incar-

céré le 9 novembre, Jean-Baptiste Pique le 28, les frères
Hédouin, maçons [1], le 10 février 1794. Au total, soixante-
quatorze habitants de Chantilly furent inquiétés ; pour beaucoup, la détention se prolongea jusqu'au mois d'août 1794 ; tous
rentrèrent dans leurs foyers, à l'exception de Claude Mortet,
ex-contrôleur de la Vénerie du prince de Condé. Un moment
inquiété en 1792 parcequ'on avait découvert chez lui des objets
appartenant au prince, il fut de nouveau arrêté, incarcéré au
château, puis transféré à Paris. Traduit devant le Tribunal
révolutionnaire le 19 février 1794, il fut condamné à mort et
guillotiné On ne lui avait posé qu'une seule question : « En 90,
n'avez-vous pas été chargé par un des agents du perfide Condé
d'ôter du garde-meuble les équipages les plus précieux de
chevaux de selle et de les mettre à loyer dans un endroit, soit
à Chantilly, soit ailleurs ? — J'en ai été chargé par l'ordre
de Mainquier, lequel j'ai exécuté [2] ».

Pigeaux et Mortet furent donc les seules victimes de la
Révolution à Chantilly. Treize habitants de Saint-Firmin
furent aussi enfermés au château, dont les Heurteux et les
Jambon ; ils furent remis en liberté assez vite, à l'exception
des Jambon, couvreurs, qui furent transférés à Saint-Paul de
Beauvais le 20 octobre ; le père, Denis, y mourut en 1794.

La persécution atteignit donc surtout les personnes qui
avaient été employées par le prince de Condé. La liste aurait
été plus longue si la fuite n'en avait pas mis un certain nombre
à l'abri des poursuites. MM. Bourgeois et Antheaume [3] purent

---

[1] En 1814, Alexandre Hédouin, dit Verte-Oreille, maçon, « attaché de
père en fils, depuis 3 ou 400 ans, au chantier de la maison de Condé, et
rejeton de la plus ancienne famille de Chantilly », écrivit au prince de
Condé pour lui offrir ses services ; « il n'invoque pas en sa faveur les
persécutions et incarcérations qu'il a souffertes pour son attachement à
son bienfaiteur ; votre retour lui fait oublier tous ses maux... ».

[2] Ce « Mainquier » était le chevalier Le Mintier, premier écuyer
du prince de Condé. — Wallon, *Histoire du Tribunal révolutionnaire
de Paris*, t. II, p. 511.

[3] Ils rejoignirent le prince de Condé en Allemagne. A la fin de juin,
le prince envoya M. Antheaume à Mons, avec les pouvoirs nécessaires
pour rentrer en possession de ses biens et gérer ses affaires au fur et à
mesure des succès de l'armée du prince de Cobourg. Au mois d'août,
M. Antheaume put faire venir à Mons sa femme, ses deux filles et sa
belle-mère, qui attendaient à Guise une occasion propice pour passer la
frontière. M. Antheaume fut ensuite secrétaire du duc d'Enghien et
rentra en France avec sa famille en 1801.

passer à l'étranger au printemps de 1793 ; le chevalier de Contye les y avait précédés. A Senlis, M. Gayant, ex-avocat au bailliage, fut arrêté le 7 septembre comme « suspect par ses liaisons avec les gens attachés à la maison de Condé et leur ayant donné asile dans son domicile, entre autres à la famille Antheaume et au nommé Bourgeois, cy devant concierge de Condé, évadé au moment où on alloit le mettre en arrestation ». Des palefreniers et autres serviteurs avaient pu aussi rejoindre leur maître ; un d'eux, Charles Marot, mourut à son service à Rothembourg. Un épicier de Chantilly, Mangeot, fut incorporé dans l'armée de Condé, légion de Mirabeau ; il rentra en France en 1801 et s'établit à Paris comme menuisier. Le juge-de-paix Lejeune, réfugié à Paris, n'en bougea point. L'armurier Aubry trouva de l'occupation à Versailles. Jean-Baptiste Pique ne fut absent que quelques jours et revint bientôt à Chantilly, où il avait un commerce de draps.

Quant au secrétaire du conseil municipal, Pierre-Alexis Letourneur, qui était en même temps secrétaire du conseil d'administration de l'hôpital, il ne se crut en sûreté qu'à l'étranger. Sa femme, Louise-Angélique Moreau, le suivit et fut inscrite sur la liste des émigrés à la requête du comité de surveillance de Chantilly ; ceci ressort de la délibération prise par le Conseil municipal de Senlis, le 11 novembre 1796, sur l'examen d'une pétition présentée par la mère de Louise-Angélique à l'effet d'obtenir sa radiation : « Considérant que ladite citoyenne a rempli les formalités nécessaires ; que la lettre du Comité de surveillance de Chantilly du 7 frimaire an 2 (27 novembre 1793) est une provocation évidente contre la sûreté de ladite citoyenne, qui a été contrainte de fuir pour se soustraire aux manœuvres dirigées contre elle et son mari ; vu en outre les nombreuses pièces énumérées, l'administration estime que la citoyenne a droit aux dispositions bienfaisantes de l'article 4 de la loi du 22 nivôse an 3 (11 janvier 1795) [1]. Pierre-Alexis Letourneur ne put rentrer en France qu'en 1801, en même temps que MM. Antheaume et Bourgeois.

Deux hommes que leurs attaches auraient dû rendre suspects

---

[1] Archives de la ville de Senlis.

se tirèrent d'embarras par leur zèle révolutionnaire. Le fils de l'architecte Leroy, Jacques-François-Marie, architecte lui-même, portait un nom compromettant ; il était vraiment indécent de s'appeler alors Leroy ; il prit le nom de Libre, qu'il quitta, il est vrai, aussitôt que les événements le permirent ; mais, légalement, il n'en fut débarrassé que par un jugement du tribunal de Senlis en date du 12 octobre 1813. Le 23 nivôse an II (12 janvier 1794), « Jacques-François-Marie Libre, architecte, déclare la naissance d'une enfant femelle, qu'il nomme Amarante Libre [1]. Témoins : Jean-Baptiste Monnaye et François-Jean Perdrix ». Ce Perdrix, de son côté, exagéra la note jacobine ; pendant trente ans, il avait mangé le pain du prince de Condé, faisant partie de sa maison comme peintre des chasses ; en 1793, il devint le plus enragé sans-culotte du pays, et quand le château fut converti en prison, il obtint d'en être le gardien-chef ; il se distingua dans ces nouvelles fonctions par une grossièreté féroce ; les malheureux prisonniers n'eurent pas de plus cruel ennemi. Il mourut paisiblement à Chantilly, le 26 mai 1809. Au moins il avait eu les mains nettes, car il laissa sa femme dans la misère. Celle-ci, âgée de quatre-vingts ans, habitait Paris, lorsque, le 17 juin 1817, elle écrivit au prince de Condé pour lui exposer l'affreux dénuement où elle se trouvait réduite et implorer sa charité ; et sa demande fut chaudement appuyée par l'ex-curé constitutionnel Rouard, alors homme de loi parfaitement honorable et bien considéré.

De tous les habitants de Chantilly qui furent alors persécutés, l'Anglais Christophe Potter mérite une mention spéciale en raison de l'importance de ses projets industriels, qui auraient dû lui valoir une considération toute particulière [2]. Depuis

---

[1] Amarante Leroy épousa successivement les deux frères de Jean-Baptiste Chalot, maître de la Poste-aux-Chevaux : 1° Louis-Isidore Chalot, fabricant de porcelaines, décédé à Paris le 12 mars 1839 ; 2° (18 novembre 1841), Charles-Alphonse Chalot, fabricant de porcelaines à Chantilly. Son père, Jacques-François-Marie Leroy, était mort le 1er janvier 1829 ; sa mère, Agathe Cerval, vivait encore en 1841. Amarante Leroy repose dans le cimetière de Chantilly avec ses deux maris, non loin de son père, dont les restes y furent transférés en 1842.

[2] Tout ce passage relatif à Potter est emprunté à l'ouvrage de M. H. Beaumont, *Le Département de l'Oise pendant la Révolution.*

l'année 1788, date de son arrivée en France, Potter montrait une grande activité et beaucoup de savoir-faire. A Paris, il avait établi une importante fabrique de porcelaines, et, le 6 février 1792, il avait acquis de M. Antheaume la manufacture de Chantilly, où il installait aussi une manufacture de « terre anglaise », une papeterie, une fabrique de mousseline « dans le genre anglais », et recherchait le moyen de produire l'acier sans recourir à l'industrie étrangère. Le 17 juillet 1793, il avait exposé ses projets au directoire du district de Senlis, et démontré qu'il ne pourrait réussir, ou serait tout au moins obligé de réduire son entreprise, si on ne l'autorisait pas à faire une tranchée dans le tuyau qui conduisait l'eau de la machine hydraulique au grand réservoir de la Pelouse. La permission lui en fut donnée moyennant une redevance annuelle.

Le 5 août, le Comité de Sûreté générale prit à l'égard de Potter un arrêté qui l'affranchissait de toutes les mesures prohibitives concernant les ouvriers étrangers occupés dans l'étendue de la République. Telle est alors l'utilité que l'on attache à son industrie que, le 5 septembre, le Comité de Salut public arrête « que le citoyen Potter est autorisé à faire à Chantilly et dans les environs des expériences sur la fabrication de l'acier, tant par la forge que par la cémentation, auxquelles fins les autorités constituées voudront bien lui procurer toutes facilités pour l'emploi des ouvriers et des matières ». Et cet arrêté était suivi, en post-scriptum, de ces mots écrits de la main de Lazare Carnot, le 7 septembre : « La mission du citoyen Potter étant de la plus haute importance, les autorités constituées demeureront responsables des retards ou entraves quelconques qu'elles pourraient y apporter ».

Le même jour 7 septembre, Potter était arrêté à la suite d'une dénonciation faite à la municipalité de Chantilly par la Société populaire de Vineuil et un certain nombre de citoyens qui voyaient en lui un étranger suspect. Le 11, il fut remis en liberté, et le Comité de Salut public fit venir Hautin à Paris pour lui demander des explications ; celui-ci ayant prouvé facilement qu'il n'avait pas eu connaissance en temps utile de la décision du Comité concernant Potter, le Comité arrêta que la conduite du maire et de la municipalité méritait son approbation, et que le ministre de l'Intérieur rembourserait au citoyen Hautin les frais de son voyage, « se réservant de prendre une délibération ultérieure relativement à Potter et à la commission qui lui a été délivrée ».

Les renseignements fournis par Hautin avaient fait impression sur ce Comité, qui, à la suite d'une intervention de Collot d'Herbois, décida, le 14 septembre, d'enjoindre au Département de mettre Potter en arrestation et d'apposer les scellés sur ses papiers. Le 16, Potter se présentait, à Beauvais, à l'administration, qui le plaça sous la garde d'un gendarme à l'auberge du *Lion d'Or*; il y trouva le temps bien long et demanda, le 28 septembre, « attendu la connaissance qu'il a des arts », la permission d'aller et venir à certaines heures, accompagné de son garde, dans toute l'étendue de la ville et des faubourgs de Beauvais pour visiter les ateliers qui y étaient établis. Le conseil du département lui accorda cette faveur.

Mais Potter ne se contenta pas de visiter Beauvais. Il fit agir à Paris. L'assemblée générale de la section du Temple intervint en sa faveur, le certifia « bon patriote, toujours animé du désir de faire le bien ». Les citoyens Grenard et Arthur, fabricants de papiers, membres du conseil général de la commune de Paris, qui venaient d'établir à Chantilly une fabrique d'acier, montrèrent aussi du zèle à le défendre. Le Département s'émut, ne montra plus les mêmes égards, et jugea prudent de faire enfermer Potter à la maison Saint-François; le 12 octobre, celui-ci écrivait, dans un style peu correct, mais très expressif, qu'il n'était pas de « ces êtres inutiles qui se lèvent le matin pour manger, et qui se couchent le soir pour prendre des forces pour manger le lendemain... »; il rappelait qu'il avait dans ses manufactures 500 pères de famille qui étaient en danger de manquer de pain, et demandait à être surveillé à Chantilly en attendant que son affaire pût être examinée, car il fallait prendre des mesures « pour empêcher la ruine de tant de manufactures qui n'ont pas de semblables en France ». Le 28 octobre, le Comité de Salut public ordonnait au Comité de surveillance de Chantilly de faire remettre en liberté Potter, et « de ne mettre aucune entrave à l'exécution de l'article de la loi relative aux ouvriers anglais, irlandais, écossais et hanovriens » : ces ouvriers devaient rester en réquisition et travailler spécialement aux fabriques d'acier des citoyens Grenard et Arthur.

Potter revint à Chantilly, mais le Comité de surveillance et la Société populaire persistaient à l'observer : de leur propre autorité, ils le mirent sous la garde de deux gendarmes ; il fut consigné dans la commune jusqu'au 9 thermidor (27 juillet 1794), puis déclaré libre, le 18, par le Comité de Sûreté générale. Il eut la chance de ne pas accompagner sur l'échafaud ses amis Grenard et Arthur, condamnés à mort les 11 et 12 thermidor.

Au commencement d'octobre 1793, le Comité de Sûreté générale envoya un détachement de l'armée révolutionnaire, composé de 260 hommes, pour remplacer la gendarmerie qui gardait le château. L'arrivée de cette troupe, recrutée presque entièrement parmi des gens sans aveu, fut pour tout le monde un sujet de trouble et d'effroi. Elle fut d'abord logée chez l'habitant, et les doléances furent telles que la municipalité se plaignit amèrement au directoire du département et demanda le renvoi de ces hôtes si fâcheux. Cette réclamation n'eut qu'un demi-succès ; le détachement fut maintenu à Chantilly, mais il fut caserné au château d'Enghien.

La présence de ces pseudo-soldats amena les pires désordres. Et tout d'abord l'église fut pillée, profanée [1], et on y installa le culte de la Raison, qui fut inauguré le 15 octobre. Mme de Bohm en eut le spectacle comme tous ses co-détenus ; elle vit le char triomphal passer sur la Pelouse et faire le tour du château : « Une foule de paysans, raconte-t-elle, formaient le cortège ; des jeunes filles vêtues de blanc, parées de rubans tricolores, entouraient la déesse Raison, dont le costume et l'attitude dénotaient la bacchante la plus éhontée. Le district de Senlis, administrant la maison d'arrêt de Chantilly, avait ordonné de préparer aux frais des détenus un somptueux repas qui serait servi sur la Pelouse et offert à l'armée révolutionnaire.

---

[1] C'est alors que les cœurs des princes de Condé, dépouillés de la seconde enveloppe en vermeil, furent jetés dans l'ancien cimetière, où les recueillit secrètement l'aubergiste de *l'Épée*, Jean Petit, qui les tint cachés dans sa cave jusqu'en 1814.

Des tables d'une étendue démesurée et de nombreuses banquettes furent préparées ; nous vîmes avec horreur des femmes de la haute bourgeoisie, venues des villes voisines, s'y placer avec empressement, mangeant, chantant, dansant avec les soldats de l'armée révolutionnaire et tous les figurants du cortège. Des salves d'artillerie à poudre, tirées sur la terrasse du Connétable (il y avait deux canons toujours braqués devant l'entrée du château), brisèrent et firent voler en eclats les vitres qui s'y trouvaient exposées. Les prisonniers, consignés dans leurs chambres, cherchaient à se préserver de ce danger inattendu en mettant des matelas contre les fenêtres. Un capitaine de l'armée révolutionnaire, ayant aperçu à l'entresol une prisonnière qui, effrayée d'un tel vacarme, ne savait où fuir, tira sur elle deux coups de pistolet chargé à balle et la blessa dangereusement ». C'était la femme de Philippe Caron, ex-économe de la métairie du prince de Condé à Vineuil.

Je n'insisterai pas sur les avanies et les mauvais traitements infligés aux malheureux détenus : communauté des chambres entre hommes et femmes qui ne se connaissaient pas, nourriture infecte, visites des commissaires à toute heure du jour et même de la nuit, manque des effets les plus nécessaires, privation des nouvelles de l'extérieur, les malades sans soins, toute distraction interdite. Quant aux secours religieux, il va de soi qu'il n'en pouvait plus être question, à moins de recourir aux prêtres constitutionnels dont il y eut toujours quelques-uns au nombre des prisonniers. Mme de Duras en cite un « qui répétait souvent qu'il ne savait pas pourquoi il était détenu, ayant fait dans chaque occasion, depuis la Révolution, tout ce qu'on avait voulu ; quand on donnait des fêtes civiques dans le village de Chantilly, c'était le compositeur des couplets ». Ces fêtes étaient fréquentes ; le 25 décembre, pour remplacer l'antique et suave Noël, la Société populaire de Chantilly organisa une cérémonie en l'honneur de Marat et de Le Peletier, martyrs de la Liberté.

Que se passait-il au fond des cœurs ? Qui pourrait le dire ? La France était terrorisée, et la peur explique bien des choses. Quand, au mois d'avril 1794, Mme de Bohm fut expédiée à Paris avec un convoi de prisonniers dont Mme de Duras faisait partie, les trois mauvaises charrettes qui les emmenaient, escortées par vingt gardes nationaux de Chantilly, traversèrent d'abord la ville, « où nous recueillîmes, dit-elle, autant d'injures que l'on y comptait d'habitants ».

Il était nécessaire alors d'étaler un civisme intégral ; l'épuration était à la mode, et malheur à qui n'était pas trouvé pur. En octobre 1793, le maire Hautin avait reçu la récompense de son zèle ; il fut nommé membre du directoire du district de Senlis. Son successeur à la tête de la municipalité fut le citoyen Devaux ; un document du 9 décembre 1793 porte les signatures suivantes : Devaux, maire, Maincent et Gaudiveau, officiers municipaux, Manceau, L. Saligny, Rousseau, Thomas. Il est probable que ce Thomas montra ensuite de la tiédeur, car il devint suspect, fut incarcéré au château le 13 avril 1794 et ne recouvra sa liberté qu'après la chute de Robespierre. L'époque était sombre d'ailleurs, et le peuple avait faim ; à Senlis, où le marché était assiégé chaque semaine par les communes du voisinage, on dut instituer le carême civique et appeler le patriotisme à l'aide. A qui se prendre de cette disette ? au fanatisme, à l'aristocratie, aux infâmes tyrans. Et bientôt les tyrans ne sont pas seulement les rois qui font la guerre à la France ; Hébert est un tyran quand il tombe ; Danton est un tyran quand il tombe ; enfin, Robespierre est le plus exécrable des tyrans quand il tombe à son tour. Le peuple applaudit à tout changement, à tout renversement ; il ne comprend rien à ce qui se passe, si ce n'est que le nouvel événement lui apportera peut-être la fin de ses maux ; c'est le secret espoir qui lui fait tout approuver. Et il faut avant tout le plaindre, car il connut de grandes souffrances et de cruelles angoisses, et sa misère ne lui valut aucune compensation.

*
* *

Au mois de mars 1794, l'armée révolutionnaire fut retirée de Chantilly ; personne ne déplora son départ. Le 29e escadron de gendarmerie fut chargé du service du château. Le 13 mai, le Comité de Salut public décida que les détenus seraient transférés dans d'autres maisons nationales et que le château serait mis à la disposition de la commission des Secours publics pour y établir un hôpital militaire. A la fin de juillet, les 553 détenus qui étaient encore à Chantilly furent répartis entre Nointel, Liancourt, Houdainville et Argenlieu. Le château ne reçut d'ailleurs pas l'affectation projetée, et il demeura complètement abandonné jusqu'à la mise en vente en 1799. Le château d'Enghien fut seul utilisé pour loger la 258ᵉ compagnie de vétérans nationaux.

L'année suivante, la municipalité de Chantilly fut priée de donner son avis sur le règlement de comptes demandé par l'épicier Firmin Sorel, qui avait eu l'adjudication de la nourriture des prisonniers. Il est intéressant de citer la délibération qu'elle prit à ce sujet le 3 juillet 1795 : « Les informations individuelles qu'elle s'est procurées, celles qu'elle avoit acquises antérieurement, et les déclarations de huit citoyens de cette commune qui étoient alors détenus de cette maison, toutes s'accordent à donner la certitude que les clauses du marché passé avec le citoyen Sorel pour leur nourriture n'ont point été exécutées, 1° parce que la livre et demie de pain qu'il s'étoit engagé de fournir par jour à chaque détenu n'a jamais été effectuée en totalité et que Sorel a pu profiter sur cet article d'environ six onces de pain par jour sur la ration de chaque individu ; 2° que, loin de leur donner la livre de viande à quoi il étoit engagé, les détenus n'en mangeoient presque pas ; des décades entières se sont écoulées sans qu'il leur en soit servi ; Sorel servoit, en place, des légumes, pommes de terre, lentillons et haricots d'une mauvaise qualité ; encore les portions étoient si petites et si peu nourries de beurre que personne ne pouvoit manger ; 3° le cidre fut la seule boisson qu'il fut possible de se procurer ; non seulement il étoit mauvais, mais il a encore manqué plusieurs fois ; si Sorel en avoit de supérieur, il étoit destiné pour des distributions secrètes et particulières, moyen qui doubloit son bénéfice. La municipalité estime que le reliquat de 8753 fr. 18 c. réclamé par Sorel pour le restant de ses fournitures est susceptible au moins d'une forte diminution.....; elle pense même qu'il est de justice que ledit citoyen Sorel est dès à présent dans le cas d'une restitution par une évaluation pour le pain et la viande qu'il n'a pas fournis et dont il a été payé décade par décade, au mépris des conditions expresses et spéciales de l'adjudication. Délivré en la maison commune, séance publique, le 15 messidor an 3. Mabuy, maire, Devaux, Picque, Jacquin, Manceau, Bougon, Laville, Deshayes, Loizeau (officiers municipaux et notables) ».

Par la composition de ce conseil, on voit que la Terreur a disparu et que les esprits sont revenus à la modération. Je ne connais pas le maire Mabuy, sans doute un nouveau-venu à Chantilly ; mais nous retrouvons Jean-Baptiste Pique, qui avait fait partie du premier conseil, et plusieurs bourgeois de l'ancien régime, Jean Jacquin, Toussaint Bougon, Louis Laville. Ils se débattent au milieu des difficultés, car la misère est grande, et la commune n'a point de ressources. Les ouvriers cherchent en vain du travail. Comme le commerce de la dentelle reprend un peu, les femmes gagnent un maigre salaire payé en assignats. La manufacture de porcelaine n'occupe pas grand monde, et Christophe Potter aime mieux recourir à la main d'œuvre étrangère ; il emploie surtout des prisonniers de guerre, des Anglais et des Autrichiens, qui lui sont accordés sous sa responsabilité. Ainsi fait un autre Anglais, Guillaume Metcalf, qui, le 31 décembre 1793, a déclaré prendre domicile à Chantilly pour y fonder une fabrique de cardes. Disette de blé, disette d'argent, inertie de l'industrie, stagnation du commerce, telle est la situation au lendemain de la Terreur, et elle se prolongea pendant quelques années à Chantilly. Elle apparut clairement au préfet de l'Oise, M. Cambry, lorsqu'il visita son département au cours de l'année 1800.

« La célèbre commune de Chantilly, enrichie par ses propriétaires avant la Révolution, nourrie par les dépenses prodigieuses du prince de Condé, de sa cour, et par les étrangers qui se rendoient à ses fêtes ou qui venoient jouir des délices de ce beau lieu, est depuis la Révolution dans un délabrement, dans un abandon, dans une pauvreté dont on a peine à se faire idée quand on l'a connue dans les jours de son éclat et de la fortune factice qu'elle possédoit momentanément. Sa position avantageuse la sauve heureusement de la profonde misère dans laquelle elle devoit tomber ; des manufacturiers habiles en emploient les habitants ; des établissements servis par ses belles eaux vont la vivifier ; les soins prescrits pour le curage des canaux vont détruire les vapeurs pestiférées qui menaçoient d'en rendre le séjour dangereux ; alors elle possèdera, comme toutes les communes de France, des moyens qui lui seront propres, et ne devra pas son existence au séjour d'un individu qu'un caprice pouvoit en éloigner. Les habitants de Chantilly ressemblent à ces enfants gâtés par les caresses de leurs parents qui, privés de leurs secours, sont obligés d'apprendre quelque métier et de recommencer leur éducation.

« La manufacture de porcelaine et de faïence du citoyen Potter emploie deux cents ouvriers, payés depuis trois louis par semaine jusqu'à six sous par jour ; les enfants seuls reçoivent cette dernière paie. Elle est dans le meilleur état, et fabrique jusqu'à trois mille douzaines d'assiettes par décade. Les eaux de Chantilly, les sables d'Aumont, d'excellentes tourbes, donnent à cette manufacture des avantages qu'on ne trouverait pas ailleurs.

« Je ferai connoitre dans un tableau l'étendue et la valeur du commerce de dentelles entretenu par les citoyens Moreau, Pigory, Vandessel, Déméautis, et par Madame Siméon..... Il existe une filature de coton à Chantilly ; elle n'a pas de grands moyens ; elle en obtiendra sans doute par la paix. Le citoyen Metcalf, ouvrier anglais que M. de Liancourt fit venir en France avant la Révolution, y possède une excellente manufacture de cardes ; mais avec tous les talents nécessaires il n'a pas l'ardeur et l'activité qui donneroient à cet établissement tout le succès qu'on lui souhaite. Il vient de s'établir dans les Usines un moulin à l'aide duquel on doit laminer le cuivre. Toutes ces fabriques réunies suppléeront à ce qui manque aux habitants de Chantilly pour soutenir leur existence ; cernés de tous les côtés par la forêt, ils ne possèdent aucunes terres, et sont forcés pour subsister de servir les manufactures ou de s'adonner au commerce. [1] »

La filature de coton avait été créée en 1799 ; elle était dirigée

---

[1] *Description du département de l'Oise*, par le citoyen Cambry. **Paris, Didot, 1803, t. ii, pp. 83-86.**

par Joseph-François Mollier, auparavant inspecteur de la manufacture de Triqueville près Milly (Loiret) ; la situation de cette filature, comme de la fabrique de cardes de Metcalf, était peu prospère ; le laminage du cuivre, établi en 1800 dans les Usines, ne réussit pas mieux ; en somme, Chantilly ne possédait encore que ses deux industries de l'ancien régime : la porcelaine et la dentelle. Et la manufacture de porcelaine elle-même n'avait qu'une prospérité apparente ; Christophe Potter était à la veille d'être saisi à la requête de ses créanciers.

Cependant il est certain qu'en 1800 la situation de Chantilly s'améliorait et qu'on pouvait escompter un avenir meilleur. Le calme était revenu dans les esprits, comme le montre la composition du conseil : le notaire Patin était maire [1] ; il avait pour adjoint Jean-Baptiste Picque ; les conseillers étaient MM. Hervé d'Arbonne [2], Loiseau, Pigory, Devaux, Chalot, Jacquin père, Vandessel, Demailly et Deshayes ; le secrétaire de la commune était M. Jacquin fils, qui sera plus tard notaire et maire. Le 23 septembre 1800, le maire donne une fête à ses administrés ; la dépense est petite, car la commune est pauvre, et la caisse municipale n'eut à débourser que 64 fr. 30 c., dont 43 fr. 50 c. au vitrier Bordier pour location de lanternes et chandelles, 8 fr. 80 c. à Gouverneur pour la location du Jeu-de-Paume, « qui a servi de salle de danse », et pour le vin fourni à la musique, enfin 12 fr. pour les musiciens. Le 31 mars 1801, on se réjouit à l'occasion de la paix conclue avec l'Empire, on tire des boîtes, on illumine la mairie et la pyramide (cette pyramide était sur la place de l'Hôpital ; on en fit plus tard une fontaine

---

[1] En 1799, le maire de Chantilly est M. Devaux. Le 6 mai 1800, Louis-Jacques Deméautis est « maire provisoire » ; M. Patin fut élu maire au mois de juillet suivant.

[2] M. Hervé d'Arbonne habita St-Firmin jusqu'en 1793 ; il fut alors arrêté et détenu comme suspect. En septembre 1794, il vint demeurer à Chantilly dans la maison des demoiselles Aubry, n° 30 (aujourd'hui n° 56 de la rue du Connétable). Antoine-Jean-Baptiste Hervé d'Arbonne était marié à Marie-Charlotte Bergeret. Il était allié aux familles Hocquart et Seroux de Bienville. Le 9 mai 1812, mourut à Chantilly, à l'âge de 78 ans, « M. Hervé d'Arbonne (Antoine-Jean-Baptiste), ancien grand-maître des eaux-et-forêts de la ci-devant généralité d'Orléans, ancien administrateur de l'Hôpital, membre du Conseil municipal » (registre de la paroisse).

publique). Le 9 novembre, grande fête à l'occasion de la signature des préliminaires de la paix entre la France et l'Angleterre, et la joie est sincère, car de cette paix on attend le retour de la prospérité. Le cortège se forme à 11 heures à la maison commune, en face de l'église ; il comprend le conseil municipal, les fonctionnaires publics, le personnel et les enfants des écoles, la garde nationale, un détachement du 11e chasseurs à cheval, qui tenait alors garnison à Chantilly. On se rend sur la place de l'Hôpital, où le maire prononce un discours, puis on revient par la Pelouse, et le cortège s'arrête devant les Écuries. Le juge de paix prend la parole à son tour, et la cérémonie se termine par une distribution de brevets d'honneur à quelques cavaliers du régiment.

La religion n'a pas encore de part à ces fêtes, quoique l'église soit depuis longtemps rouverte. Le culte avait subi une éclipse complète pendant près de deux ans ; dans la chaire du temple, un officier municipal était monté chaque décadi pour faire la lecture des lois. Dès 1795, on y souffre avec circonspection un prêtre de Senlis, M. Ayot, qui, n'ayant pas prêté le serment, avait réussi depuis trois ans à se soustraire aux recherches. Plusieurs fois par semaine, il apporte aux habitants de Chantilly le secours de son ministère, un peu en cachette et avec grande prudence, car il est encore hors la loi. Il s'attache surtout à baptiser les enfants et à consoler les mourants ; pour le reste, il faut attendre des jours meilleurs. Le 28 juin 1795, il ouvrit un petit registre qu'il intitula : « Note des enfants que j'ai baptisés à Chantilly ». Il le tenait au courant chez lui, avec les renseignements qui lui étaient fournis par les intéressés ; parfois on néglige de les lui donner, par peur de se compromettre. Entre le 20 septembre et le 1er novembre 1795, se trouve un espace blanc avec cette note : « Depuis cette date dernière ci-dessus (20 septembre), j'ai fait plusieurs baptêmes dont on n'a pas jugé à propos de me mettre en état de faire note. Comme on m'avoit promis de me donner les noms des père, mère, parrain et marraine de chacun des enfants, et qu'on m'a manqué de parole, je suis forcé de me borner à mettre seulement le nom des enfants et leurs pères et mères, sans ordre de date, et uniquement pour qu'on sache qui sont ceux qu'on m'a présentés au baptême ». Puis les inscriptions se continuent sans interruption jusqu'au 17 octobre 1798 ; à cette date, l'abbé Ayot avait déjà baptisé deux cent trente-cinq enfants.

Il y eut alors un renouveau de jacobinisme et la sévérité fut à l'ordre du jour. Le prêtre écrivit sur son registre : « Après ce baptême ci-dessus (17 octobre 1798), il m'a été défendu par les autorités constituées de continuer à prendre note de ceux que je ferois par la suite, et on m'a menacé, si je transgressois la défense, de me dénoncer et me faire punir. La seule crainte de laisser le pays sans ressources spirituelles m'a engagé à consulter, et il m'a été conseillé de me conformer aux circonstances. J'ai saisi de suite l'occasion de reprendre le plus promptement possible les notes, que j'ai été forcé d'interrompre depuis le 17 octobre 1798 jusqu'au 19 avril 1800, et j'en ai obtenu l'approbation du sous-préfet de Senlis, à qui j'ai fait voir dans ce registre le mode des notes que je prenois et qui n'y a rien trouvé de répréhensible. J'ai en conséquence recommencé le 20 avril, présente année 1800, à faire note des baptêmes que j'ai administrés ». L'abbé prépara un cahier supplémentaire pour inscrire les baptêmes qu'il n'avait pu noter, et par deux fois, au prône, il pria les fidèles de lui fournir les renseignements nécessaires. Soit insouciance, soit crainte de se compromettre, personne ne se fit inscrire, et cette lacune du registre ne fut pas comblée.

Du 20 avril 1800 au 31 octobre 1801, l'abbé Ayot inscrivit cent-vingt-quatre baptêmes, puis il céda la place au pasteur légitime, l'abbé Robert. Celui-ci, à qui la protection du prince de Condé avait assuré un asile en Allemagne, venait de rentrer à Chantilly. Le 11 octobre 1801, il se présenta devant les autorités municipales et promit fidélité à la Constitution de l'an IX. Il comparut de nouveau le 31 octobre pour s'entendre dire que le ministre de la Police Générale l'autorisait à rester en surveillance dans la commune, et il dut déclarer encore : « Je promets fidélité à la Constitution de l'an IX ». Dès ce jour, il reprit ses fonctions spirituelles.

La loi relative à l'organisation des cultes ne fut promulguée que le 8 avril 1802 ; à Chantilly, elle fut publiée par le maire et l'adjoint le 16 mai suivant. Un *Te Deum* solennel fut chanté dans l'église en présence des autorités et de toute la population ; la présence de la garde nationale, des officiers et d'un détachement du 11e chasseurs, relevait l'éclat de la cérémonie. Jusqu'à la fin de l'année, « le citoyen· Louis-Jean Robert, ministre du culte catholique », n'enregistra que les baptêmes, sous la forme très succincte employée par l'abbé Ayot ; à partir de janvier 1803, les actes de baptême, de mariage et d'inhumation furent notés avec plus de détails et appuyés des signatures du curé et des témoins. Au mois de juillet suivant, l'abbé Lagniel fut nommé vicaire et chargé en même temps du service religieux de l'hôpital. L'abbé Robert dut se retirer en septembre 1808 [1] et fut remplacé par l'abbé Raoul Le Flamand, ci-devant prévôt de Saint-Martin de Tours, ancien chanoine et grand vicaire de Coutances.

M. Patin mourut le 14 décembre 1804. Il fut remplacé comme notaire par Jacques-Hermann-François Jacquin. Le nouveau maire fut Claude-François Pigory.

M. Jacquin était né en 1779, à Breuil (arr. de Coulommiers, Seine-et-Marne), de Jean-Baptiste Jacquin et de Françoise-Madeleine Testelin. En 1780, M. Jacquin habitait Apremont, où sa fille Marie-Marguerite-Françoise naquit le 13 juin [2]. Il se fixa ensuite à Chantilly comme marchand de vins en gros ; là naquit, en 1783, Justin Jacquin, qui mourut le 17 novembre 1813, et, en 1784, Emilie Jacquin, qui épousa en 1803 Jean-Chrysostôme Deshayes, fils d'Antoine, maître-perruquier. Jean-Baptiste Jacquin et Antoine Deshayes furent voisin dès 1784,

---

[1] Il mourut le 15 février 1809 et fut inhumé au milieu du concours de toute la population. Il était né à Ay (Marne) en 1732 et avait commencé sa vie sacerdotale à Chantilly en 1763.

[2] Le 29 octobre 1804, elle épousa Sébastien Vosgien, sellier à Paris, né à Arracourt (Meurthe), le 22 mars 1764 ; sans doute le frère de Barthélemy Vosgien, artiste-vétérinaire, qui avait acquis le Pavillon (n° 23 de la rue du Connétable) le 27 juin 1796. Ce Barthélemy Vosgien acquit aussi une partie de la demi-lune, obtint en 1805 la permission d'y construire un immeuble qui devint l'hôtel des *Bains*, et vendit le Pavillon à M. Feuillet. C'est M. le duc d'Aumale qui fit démolir l'hôtel des *Bains* pour rendre à la demi-lune ses proportions premières.

année où le prince de Condé leur concéda le terrain qui porte le n° 78 de la rue du Connétable. Sous la Restauration, M. Jacques-Hermann-François Jacquin, notaire et maire, acquit la maison n° 86, où il mourut en 1861. Là aussi mourut, en 1904, sa petite-fille, Marie Prevost, mariée depuis 1855 à M. Anatole Gruyer, membre de l'Institut. Enfin M. Gruyer s'éteignit à son tour, le 28 octobre 1909, dans la vieille maison de famille, dont le partage de sa succession nécessita l'aliénation (novembre 1910).

M. Pigory était nouveau venu à Chantilly, où il s'était fixé après son mariage avec Louise-Victoire Moreau, fille du principal marchand de dentelles du pays. Lui-même embrassa ce commerce, redevenu très florissant au début du xıx⁰ siècle. Dès 1800, il y avait cinq dentelliers à Chantilly, MM. Moreau, Pigory, Vandessel, Deméautis et Madame Siméon. Nous avons déjà rencontré Mathieu Vandessel; sa fille Geneviève-Adélaïde, née à Saint-Leu-Taverny le 3 janvier 1780, épousa en 1805 Pierre Landry, né à Saint-Maximin le 6 mars 1777, dessinateur en dentelles ; l'année suivante, 22 juin 1806, ils eurent un fils, Pierre-Théodore. Les époux Landry achetèrent la maison d'André Vion et s'y installèrent (n° 25 de la rue du Connétable). Le fils de Mathieu Vandessel, Mathieu-Élisabeth, continua le commerce de son père. L'autre fille, Marie-Catherine-Adélaïde, veuve en premières noces d'Henri Jardin, se remaria en 1808 avec Joseph-Augustin Delesalle, chef d'escadron au 3⁰ dragons. Pierre Landry, « fabricant de dentelles », fut témoin au mariage. — Louis-Jacques-Marie Deméautis s'était fixé à Chantilly à la suite de son mariage avec Françoise-Martiale Dusignon, dont le père possédait une partie de la maison Letellier (n° 61 de la rue du Connétable) ; il acquit, entre 1791 et 1795, la maison n° 84, où il mourut, à l'âge de soixante et un ans, le 11 septembre 1807. — Un mariage avec Catherine-Jeanne Maincent amena aussi à Chantilly Clément-Jean-Baptiste Vignon, « fabricant de dentelles ». — Quant à Madame Siméon, Marie-Françoise-Geneviève Cholet, « marchande de modes et de dentelles », elle occupait l'immeuble qui porte le n° 43-45 ; sa fille Louise-Henriette épousa en 1811 Pierre-Antoine Delahode, « officier retraité domicilié à Chantilly ».

M. Delahode était lieutenant au 3ᵉ dragons lorsque, le 20 juin 1805, il fut parrain de l'enfant d'un de ses camarades, le lieutenant François Aguy ; celui-ci avait hérité de la maison de son beau-père François Moreau (n° 47) ; quant à M. Delahode, il occupait la partie sur Pelouse de l'immeuble 51-53 ; il y mourut le 12 février 1846, et sa femme le 28 août 1864.

L'élément militaire contribua donc à l'accroissement de la population de Chantilly. L'exemple le plus marquant fut donné par le général-baron Bertrand Bessières, frère du maréchal, né à Pressac (Lot), le 10 janvier 1873, mort à Chantilly le 15 novembre 1854. Il épousa une fille de Chantilly, Marie-Jeanne-Angélique Durandet, fille de Jean-Baptiste-Michel Durandet, piqueur des écuries du prince de Condé, et de Marie-Louise-Angélique Ferry, dont le père, Mathieu Ferry, avait été palefrenier du prince. Ce Mathieu Ferry, ses beaux-frères Claude Mortet, contrôleur de la vénerie, et François Moreau, entrepreneur de bâtiments, possédaient au XVIIIᵉ siècle la maison n° 49 de la rue du Connétable, construite par le grand-père de leurs femmes, le menuisier Charles Vaudier. Le général Bertrand Bessières eut d'Angélique Durandet, le 16 septembre 1805, un fils qui ne fut baptisé que le 2 février 1810. L'enfant eut pour marraine sa grand'mère Durandet, et pour parrain son oncle Pierre-Louis-Nicolas Durandet, secrétaire du commissaire ordonnateur de la Garde Impériale. Quelques mois après (31 juillet 1810), le général Bessières acquit l'immeuble qui porte le n° 41 de la rue du Connétable ; c'est là qu'il mourut en 1854, et sa veuve trois ans après.

Un autre général de l'Empire demeura quelques années à Chantilly, avec l'intention de s'y fixer tout à fait. Le général André-Joseph Boussart, baron de l'Empire, originaire de Binche (Belgique), habitait en 1804 une partie de la maison de M. Patin (n° 83). Le 24 septembre de cette année, il fut parrain d'un fils de M. Patin, et le colonel du 6ᵉ dragons, M. Le Baron, voulut aussi apposer sa signature sur le registre paroissial. En 1807, il y eut projet de mariage entre Madame Patin, devenue veuve, et le général-baron Boussart ; on attendit, pour passer à exécution, une paix qui ne vint pas, et le général, grièvement blessé en Espagne, fit son testament à Morviedra le 6 janvier 1813 ; on put le transporter à Bagnères, mais il y mourut le 10 août suivant.

M. Patin avait résigné ses fonctions de maire en octobre 1804. Un des premiers actes de l'administration de M. Pigory fut le baptême des rues de Chantilly. Dans la séance du 26 novembre, le maire « représente qu'il vient de faire un état de dénombrement dont le résultat laisse de l'embarras dans ces opérations parceque la série des numéros des maisons est tellement intervertie depuis plusieurs années qu'elle laisse tantôt des lacunes énormes, et présente tantôt des numéros tellement répétés qu'il en résulte de la confusion dans les nomenclatures ; que cet inconvénient se fait encore sentir plus fortement dans le classement des logements militaires. Pour parer à cet inconvénient, le maire propose : 1° de désigner chacune des rues du pays ; 2° d'établir un ordre de numéros qui sera particulier à chacune d'elles. Le conseil acquiesce et décide : la rue allant de la porte Saint-Denis au coin de la manufacture aux faïences sera désignée *Grande Rue* ; la place prenant à ce point et s'étendant jusqu'à l'hôpital sera appelée *place de l'Hôpital* ; la rue descendant à droite sera appelée *rue de la Machine* ; celle allant depuis la machine jusqu'au jardin de M. Berthault, *quai de la Canardière* ; celle montant chez M. Berthault, *rue des Fontaines* ; celle partant de la barrière et allant à la place de l'Hôpital, *rue de Creil* ; celle prenant de la place de l'Hôpital et finissant à la Poste, *rue de Paris* ; celle partant du cimetière (de l'Hôpital) et conduisant à la Poste, *rue Saint-Laurent* ; et celle longeant la façade de l'hôpital, *rue des Obstinés*.

*
* *

En cette année 1804, il fut question de transférer au château de Chantilly l'école des Arts et Métiers établie au château de Compiègne, qui venait d'être affecté aux domaines de la Liste civile. Un vérificateur des Domaines, M. Champion, fut chargé de faire une enquête à ce sujet. Il vint à Chantilly le 12 avril 1804, mais ne put pénétrer dans les Écuries, le pavillon d'Enghien, Sylvie, la Caboutière, occupés par le 3ᵉ et le 6ᵉ Dragons et dont l'entrée lui fut refusée par l'officier du Génie Gibory. Il ne dressa pas moins un long rapport de sa visite, mais ses conclusions aboutissaient à une si grosse dépense qu'il ne fut pas donné suite au projet. Il n'était pas facile en effet d'utiliser les châteaux et le Hameau, qui venaient de faire retour au Domaine, les acquéreurs Damoye et Boulée ayant été déclarés déchus du bénéfice de leur adjudication. Du grand château il ne restait que le soubassement voûté, qu'on avait transformé en écuries pour 200 chevaux, car il fallait trouver de la place pour les deux régiments de dragons qui furent cantonnés à Chantilly de 1803 à 1806 ; on avait même dû en loger une partie chez l'habitant, les Écuries et le pavillon d'Enghien ne pouvant abriter plus de 900 hommes et 550 chevaux. La Caboutière, Sylvie et la Fourrière étaient affectés aux services annexes ; il y avait un hôpital de galeux à Sylvie ; un manège couvert, qui s'effondra peu après, fut établi dans la cour de la Fourrière.

En 1805, les prés de l'île d'Amour, sept hectares, furent compris dans la dotation de la Légion d'Honneur, ainsi que le Grand Canal, ceux des prés de la Canardière qui n'avaient pas été vendus (4 hectares), les petits canaux, ponts et écluses. En 1806, il n'y a plus de garnison à Chantilly, et le capitaine du génie Eynard dressa un mémoire des réparations à faire dans les bâtiments de casernement ; il proposa aussi de convertir le petit château en pavillon d'officiers. L'année suivante, l'arrivée du célèbre industriel Richard-Lenoir mit aux prises l'administration préfectorale et le département de la Guerre.

Potter [1] avait dû se retirer en 1800, louant aux frères Paillart la manufacture de porcelaine et faïence, ainsi qu'un moulin servant à la manufacture, qu'il avait établi au-dessous du pavillon de Manse. Les créanciers exercèrent contre lui une poursuite en expropriation forcée, et, le 3 décembre 1805, un jugement du tribunal de Senlis adjugea la manufacture à

---

[1] Le 1er mars 1799, Christophe Potter s'était assuré le concours d'un peintre en porcelaine, Michel-Josse Leriche, moyennant 3000 livres par an. Dans l'acte, Potter est ainsi désigné : « manufacturier de porcelaine à Paris, y demeurant, rue de Crussol, et tenant une manufacture sise à Chantilly ». Il avait un fils, Georges-Charles, qui, le 11 novembre 1800, loua « une maison au quartier des Fontaines, vis-à-vis la Pelouse ».

Jean-Georges Becht, bourgeois demeurant à Vineuil [1]. Il y avait plus d'un an que l'établissement était fermé, et, comme M. Becht n'avait voulu que prendre sûreté pour sa créance, il attendit l'occasion propice pour réaliser son acquisition. D'autre part, la petite filature de coton et la laminerie de cuivre établies aux Usines ne faisaient pas leurs affaires, et la population ouvrière de Chantilly se voyait privée d'une précieuse ressource. Dans le but de procurer du travail à ses administrés, le maire de Chantilly, M. Pigory, créa une nouvelle manufacture de porcelaines dans la vaste maison qui bordait le côté nord de la place de l'Hôpital.

Le 6 juin 1807, François Richard, dit Richard-Lenoir (du nom de son associé), acquit la propriété des Usines, qui avait plusieurs fois changé de mains depuis 1799 ; et, le 19 avril 1808, il acquit de M. Becht l'ancienne manufacture de la rue de la Machine et le moulin situé derrière le pavillon de Manse. Dans ce moulin, M. Richard établit une manufacture de toiles peintes ; dans la rue de la Machine, une fabrique d'impression sur toiles ; et dans les Usines, une importante filature de coton. De ce dernier établissement, il ne reste plus que la grande porte qui fermait l'entrée de la propriété sur la route de Creil et qui a conservé le nom de pavillon Richard-Lenoir. Les bâtiments des Usines ont été abattus par l'ordre de M. le duc d'Aumale ; quant à la belle maison d'habitation que M. Richard avait élevée au milieu de la propriété, elle disparut dès 1823.

M. Richard avait conçu de vastes projets. Dès le mois de juillet 1807, il déposa une soumission pour tout ce qui restait à vendre du beau domaine des Condé (à l'exception des forêts), c'est-à-dire les châteaux, la machine hydraulique, le réservoir de la Pelouse, les canaux, etc. Le préfet émit aussitôt un avis favorable : « M. Richard et Cie vont former un grand établissement de filature de coton à Chantilly ; ils vont à cet effet dépenser encore 800.000 fr. à des usines ; 6 à 700 personnes pourront être employées à ce genre de travail ; on doit leur

---

[1] Jean-Georges Becht vint se fixer à Chantilly. Lorsqu'il mourut, le 20 décembre 1809, âgé de soixante-seize ans, il était membre du conseil municipal et du conseil d'administration de l'hôpital.

faciliter les moyens d'accomplir leur projet déjà en activité ».
— « C'est très bien vu, répondit l'officier du Génie Eynard dans
un rapport daté du 31 août 1807 ; on ne peut trop encourager ce
genre d'industrie ; mais cependant que ce ne soit pas aux
dépens de la chose publique et d'un casernement arrêté par le
ministre... On doit dire à la louange de M. Richard que ce
manufacturier a rendu de grands services par l'établissement
de ses filatures à Chantilly et ailleurs, en employant et faisant
travailler beaucoup de monde, et que c'est un des spéculateurs
les plus utiles à l'État, qu'on ne connaît au surplus que par des
bienfaits... ». Mais M. Eynard se prononçait nettement contre
l'aliénation de la machine hydraulique et du réservoir de la
Pelouse : « Il est contraire aux intérêts du Gouvernement
d'aliéner un pareil objet d'art, si utile et si nécessaire, qu'un
arrêté du Directoire exécutif du 24 avril 1798 avait désigné pour
être conservé et affermé seulement. En conformité de cet
arrêté, l'affermage de la machine hydraulique a eu lieu le
18 juillet 1798 pour 18 ans, moyennant la redevance annuelle
de 100 fr. L'adjudication a été passée par la municipalité à
M. Potter, propriétaire d'une fabrique de terre de pipe à
Chantilly, qui, avec l'approbation des corps administratifs du
département, a cédé son bail à MM. Marc et Béford ; ceux-ci
l'ont passé à M. Richard, propriétaire des Usines, aux mêmes
charges et conditions de réparations et d'entretien prescrites
par les 20 articles du marché, et il est fermier de la machine et
du réservoir jusqu'au 1ᵉʳ juillet 1816 ».

En même temps que M. Eynard proposait de ne rien changer
à cet état de choses, il rédigeait un autre rapport en vue
de l'affectation définitive des bâtiments du château et dépendances : « Ce local n'est propre qu'à former un établissement de
cavalerie ; une pareille arme redonnera la vie à ces lieux
solitaires et tristes, et les trompettes alors remplaceront les
cors qu'on entendait naguère jour et nuit..... Quoique Chantilly
ne soit considéré que comme garnison de l'intérieur, il faut
néanmoins s'attendre que son cantonnement, qui présente un
grand développement, sera toujours d'une grande dépense. On
pense donc qu'il serait convenable de faire de cette ville une
des résidences habituelles de la garde à cheval de Sa Majesté ;

cette troupe d'élite a plus de moyens, est mieux payée, a une tenue plus imposante que celle de la ligne ; enfin un quartier tel que Chantilly paraît sous tous les rapports préférable à celui de Beauvais, où on a le projet d'en envoyer... ».

M. Eynard passait ensuite en revue tous les bâtiments en indiquant l'affectation à leur donner : aux Écuries, Remises et Chenil, on peut loger 550 chevaux ; il y a, au-dessus des Écuries, 62 chambres pouvant contenir 232 lits ; dans les bâtiments accessoires, 41 chambres pouvant recevoir 133 lits ; soit 103 chambres et 365 lits. Il y a de plus une forge et une manutention à un seul four de 400 rations. Le pavillon d'Enghien contient 16 appartements de 4 pièces chacun, soit 64 chambres pour soldats et 173 lits... Le rapport mentionnait aussi l'état de l'aqueduc de Saint-Léonard, « en partie détruit » et qui n'amène plus l'eau dans les fossés ; de la fontaine de Sylvie, « presque détruite » ; de l'étang de Sylvie, « qui n'est plus qu'un marais, et par conséquent un lieu méphitique et malsain ; il est important de le curer et de rétablir la fontaine ».

Le 29 janvier 1808, l'Empereur approuva ce rapport et décida que l'établissement militaire de Chantilly serait affecté au casernement des troupes à cheval de la Garde Impériale. En vertu de cette décision, le 1er régiment des chevau-légers-lanciers polonais de la Garde fut envoyé à Chantilly ; le petit château fut occupé par le colonel, Vincent-Corvin Krasinski, comte de Krasneck. Le 30 mars 1813, le lieutenant Dominique Zawidzki, commandant le quartier et le dépôt de Chantilly, fut trouvé assassiné dans son lit ; l'auteur du crime ne put être découvert. Le dépôt quitta Chantilly le 31 mars 1814 [1].

Le 27 avril 1808, on dressa le procès-verbal des limites de l'établissement militaire ; il fut signé par MM. Pigory, maire, Noiret, inspecteur des Forêts, Leudot, receveur des Domaines, Eynard, capitaine du Génie. Cet établissement comprit : « 1° Les Grandes Écuries, et une partie de la Pelouse limitée à l'ouest par le réservoir, à l'est par les allées de marronniers

---

[1] *Sources documentaires concernant l'histoire du régiment des chevau-légers de la garde de Napoléon I*[er]*, par Alexandre Rembowski ; Varsovie, 1899, 2 vol. in-8°.

au-delà de la route de La Chapelle, au midi par la lisière de la forêt, sur laquelle se trouve le jeu d'arc, propriété particulière... Les deux hôtelleries *(le Cygne* et *l'Épée),* ainsi que l'église paroissiale, attenant aux Écuries, restent affectées à leurs services respectifs, à l'exception de l'ancien cimetière ainsi que de l'ancienne éperonnerie du prince, qu'il est indispensable de réunir de nouveau aux casernements pour y établir, savoir : sur l'emplacement du cimetière, d'environ 300 mètres de superficie, un magasin pour le bois de chauffage des troupes ; et au bâtiment de l'éperonnier, de 48 mètres de surface, un corps-de-garde et le logement du portier. A cet effet, le Gouvernement ferait l'acquisition de ce petit bâtiment, ci-devant propriété nationale, en traitant de gré à gré ou à dire d'experts avec le sieur Petit, propriétaire actuel, tenant l'auberge de *l'Épée.* 2° Les deux petits pavillons, les fossés, l'étang de Sylvie, le petit château, les ruines du grand et matériaux provenant de la destruction, la terrasse, la place d'armes. 3° La caserne d'Enghien ; les gens à pied et à cheval pourront, comme avant 1790, traverser le terrain intérieur, ainsi que le fossé sec qui sert à la cavalerie de manège découvert, pour se rendre de Chantilly à Saint-Firmin et Senlis ; il est défendu de passer en charrette par ce chemin vicinal, ainsi que sur la pelouse, que les voitures suspendues pourront seules traverser. 4° Les bâtiments de Sylvie et la Glacière, la Caboutière et la Fourrière ».

Conformément au décret du 24 avril 1811, ampliatif de celui de décembre 1810 qui fixait l'apanage de la reine Hortense, le domaine de Chantilly fut compris dans cet apanage, dont la reine jouit jusqu'en 1814. A cette occasion, on détacha de l'établissement militaire les bâtiments de Sylvie, de la Caboutière et de la Fourrière, dont remise fut faite au représentant de la reine le 23 mars 1812 : « A cette remise on a joint les chambranles de marbre et parties de lambris provenant de Sylvie, ainsi que deux statues mutilées en marbre, *l'Apollon* et une *Cléopatre* » ; ces objets furent transportés à Saint-Leu-Taverny, par l'ordre de la reine [1]. L'apanage comprit aussi les parties du

---

[1] Cette *Cléopatre* était une *Diane.* On emporta aussi à Saint-Leu les statues de *Vénus* et d'*Adonis,* qui étaient sur les piédestaux des grilles du Vertugadin.

domaine qui avaient été affectées à la dotation de la Légion d'Honneur, sauf la prairie de l'île d'Amour, qui fut vendue.

La partie de l'hôtel de Beauvais qui avait été réservée pour servir d'hôtel-de-ville, fut aliénée par le Gouvernement au printemps de 1809. Le 23 avril de cette année, le maire, M. Pigory, fut autorisé par le conseil municipal à louer la maison de M. Denis Moreau pour neuf ans. Cette maison, qui porte aujourd'hui le n° 55 de la rue du Connétable, fut donc le second hôtel-de-ville de Chantilly. Elle appartint ensuite à l'huissier Bellet, et le bail en fut renouvelé deux fois par la Ville [1].

La présence d'une garnison, et surtout les manufactures de M. Richard, ramenèrent la prospérité à Chantilly, pour peu de temps il est vrai, puisque la ville perdit sa garnison en 1814 et que les manufactures déclinèrent rapidement. M. Pigory lâcha pied le premier ; il fit de mauvaises affaires et, en 1812, il dut donner sa démission de maire et fut remplacé par M. Jacquin, notaire. Quant à la manufacture de porcelaines de la place de l'Hôpital, un jugement du tribunal de Senlis l'adjugea, le 24 novembre 1812, à M. Jacques-Louis Chalot, maître de la Poste-aux-chevaux. En face, près de l'hôtel d'Albion, M. Hubert-Toussaint Bougon [2] avait monté une petite manufacture de porcelaines qui fonctionna pendant quelques années. Le 21 décembre 1823, MM. Louis-Isidore Chalot et Pierre-Louis-Toussaint Bougon s'associèrent pour exploiter la grande manufacture. Cette association, continuée par leurs héritiers, prit fin en 1845. Le 22 février 1846, la manufacture fut acquise par MM. Michel Aaron et Charles-Alphonse Chalot, et l'exploi-

---

[1] Le troisième hôtel-de-ville fut la maison qui porte le n° 122 de la rue du Connétable (baux du 7 août 1833 et du 7 février 1843) ; elle appartenait à M. Benoît Delore. Enfin, le 11 avril 1847, la Ville acquit des héritiers Beauvais l'hôtel-de-ville actuel.

[2] Le 17 janvier 1811, Pierre-Toussaint Bougon, « fabricant de porcelaines », fils majeur de Hubert-Toussaint Bougon, « fabricant de porcelaines en cette paroisse », épousa Marguerite-Sophie Darras, de Paris. Le 8 mai 1817, le jeune homme acquit de son père et de son frère la part qui leur appartenait « dans une maison où était ci-devant établie la manufacture de porcelaine dudit sr Bougon père sur la place de l'Hôpital » (au-dessous de l'hôtel d'Albion).

tation continua. Enfin, le 1er mars 1874, MM. François Gotié, Antoine Burgert, Joseph Haas et Guillaume Decoster, imprimeurs sur étoffes, acquirent « l'ancienne fabrique de porcelaine située à l'angle de la place de l'Hôpital et de la grande route de Paris à Amiens ».

Quant à M. Richard, il avait entrepris trop d'affaires à la fois, à Chantilly et ailleurs. A Chantilly, il avait ajouté à ses propriétés, en 1809, les Bourgognes et la ferme de la Ménagerie. Il possédait en outre toute la prairie entre la route de Vineuil et la route de Creil, la partie du bois des Cascades limitée au nord par la chaussée du canal Saint-Jean, au sud par l'impasse Souchier et la rue des Cascades, à l'est par l'avenue de Condé. Dès 1818, il était poursuivi à la requête de ses créanciers, dont le principal était M. Cardon, négociant de Paris auquel il devait 400.000 francs. Le 10 juillet 1820, M. Richard vendit les Usines, les Bourgognes et la ferme à un autre négociant de Paris, Frédéric-Henri de Wolmaar. M. Cardon se rabattit sur M. de Wolmaar, obtint un arrét de saisie, puis un jugement d'adjudication qui le rendit propriétaire. Tout le reste des propriétés de M. Richard fut adjugé par le tribunal de Senlis, le 14 mai 1822, à M. François-Philippe Patinot, négociant à Paris. De 1826 à 1830, l'ensemble fut acquis par le duc de Bourbon, dont le grand souci était la reconstitution du domaine de Chantilly. Ce ne fut pas la fin des industries ; pendant longtemps, tous ces bâtiments furent loués ; on vit successivement se former des fabriques de faïence ou de terre de pipe, d'impression sur étoffes, d'aiguilles, de passementerie et de papier. On fit encore de la porcelaine dans le vieil établissement de la rue de la Machine, loué d'abord à la Société Chalot-Bougon, puis à M. Michel Aaron, qui l'exploita en même temps que la manufacture de la place de l'Hôpital. Son fils, Eugène-Edouard, l'acquit enfin du domaine de Chantilly le 26 avril 1860 et continua l'exploitation jusqu'aux approches de la guerre. Quant aux Usines, aucune entreprise n'y réussit, et, ne pouvant plus tirer parti des bâtiments, M. le duc d'Aumale les fit abattre. De même la fabrication de la dentelle fléchit vers 1850 ; elle avait presque entièrement cessé dix ans plus tard.

La prospérité dont jouit Chantilly de 1807 à 1814 ne lui fit pas oublier ses princes. L'affection développée par un siècle de bienfaits avait de profondes racines, et l'amour et le regret sommeillaient dans les cœurs. Ce sentiment fit explosion en 1814. Le 14 avril, le conseil municipal rédigea une adresse enthousiaste et chargea MM. Jacquin, maire, Le Flamand, curé, Moreau, Chalot, Demailly, Vandessel fils et Patin fils de la porter à Compiègne, où se trouvaient alors le prince de Condé et le duc de Bourbon. L'entrevue fut touchante, « et nos bons princes ont mêlé leurs larmes aux nôtres. Monseigneur le prince de Condé a daigné répondre que s'il ne retrouvait plus le château et les beautés de Chantilly, il oubliait ses pertes en retrouvant le cœur des habitants, qu'il a toujours aimés et dont l'affection était bien douce pour lui. Oui, Messieurs, a-t-il ajouté, j'irai à Chantilly le plus tôt possible, dussé-je coucher dans les caves, tant j'aime et le pays et ses habitants. Et le duc de Bourbon dit ensuite : Messieurs, soyez bien sûrs que je partage tous les sentiments de mon père » [1]. Dans la conversation qui suivit, le prince de Condé s'enquit de son gros orme de la Pelouse, sur lequel il avait tant de fois tiré l'oiseau, et il fut heureux d'apprendre qu'il retrouverait le vieil arbre debout. Personne n'avait osé parler du jeune prince dont la radieuse enfance avait fait les délices de Chantilly et qui dormait depuis 1804 dans le fossé de Vincennes. Les souvenirs que réveilla chez les princes leur entrée à Chantilly ravivèrent une douleur que rien ne pouvait guérir. Quand les deux vieillards, reprenant la familiarité cordiale de l'ancien régime, laissèrent les habitants de Chantilly s'approcher d'eux, une femme se présenta et demeura sans paroles. « Et vous, Madame, qui êtes-vous ? — Ah, Monseigneur, j'étais la nourrice de ce malheureux enfant ! »

Parmi les membres du Conseil qui lui avaient porté à Compiègne l'adresse de la municipalité, le prince de Condé reconnut tout d'abord le maître de la Poste-aux-chevaux, Jacques-Louis Chalot ; M. Chalot avait épousé Marie-Marguerite Naze, dont il avait eu quatre enfants, trois fils et une fille :

---

[1] **Archives de la ville de Chantilly.**

Jean-Baptiste, qui lui succéda comme maître de la Poste [1],
Louis-Isidore et Charles-Alphonse, qui entreprirent l'industrie
de la porcelaine, et Céleste, qui épousa le notaire Jacquin
le 10 février 1806 et mourut le 15 mai 1812, âgée de vingt-trois
ans, laissant deux enfants, Hermann-Louis et Françoise-Céleste
Jacquin. Celle-ci, née le 11 mars 1811, fut la mère de Madame
Anatole Gruyer, née Marie Prevost.

En 1813, M. Jacquin se remaria avec une cousine de sa
défunte femme, Louise-Victoire Chalot [2], qui lui donna un fils,
Louis-Joseph-Charles, le 8 octobre 1814. Le prince de Condé,
pour faire honneur à la population de Chantilly dans la
personne de son maire, voulut être le parrain de l'enfant ;
la marraine fut sa petite-fille légitimée, Adélaïde-Charlotte-
Louise de Bourbon, que le duc de Bourbon avait eue de
Melle Michelot et qui avait été mariée en Angleterre à Patrice-
Gabriel Bernard de Montessus, comte de Rully. Le baptême
fut célébré dans la chapelle provisoire du château le 9 novembre
à 11 heures. Le procès-verbal de la cérémonie porte les signatures du prince de Condé, de la comtesse de Rully, du duc de
Bourbon, du comte de Rully, du chevalier de Contye, des
comtes de Tessonnet, de Quesnay, d'Esgrigny, de M. Antheaume
de Surval le fils [3], de M. Couvreur, inspecteur des chasses, et
des membres de la famille de l'enfant : Jean Jacquin et sa femme

---

[1] Jacques-Louis, fils de Louis Chalot, procureur du roi au grenier à sel
de Creil, naquit à Viarmes et mourut à Chantilly, à l'âge de cinquante-
cinq ans, le 5 février 1815. Son fils aîné, Jean-Baptiste, épousa Victoire
Taveau ; leur descendance est aujourd'hui représentée à Chantilly par
Madame Chaumel du Planchat, née Marguerite Chalot.

[2] Louise-Victoire Chalot, née en 1791 au Mesnil-Aubry, fille de Robert-
Antoine Chalot, cultivateur, et de Marie-Laurence-Éléonore Michel,
mourut le 18 novembre 1829, laissant deux fils, Louis-Joseph-Charles
Jacquin, né le 8 octobre 1814, mort le 1er mai 1838, et Victor-Marie
Jacquin, né le 1er avril 1817. Le Mesnil-Aubry était le berceau de toute la
famille Chalot.

[3] Antheaume de Surval le père était encore en vie, mais dans un état
de santé très précaire. Son fils Hugues-Achille lui succéda comme intendant du prince de Condé. Madame Antheaume de Surval survécut à son
mari et mourut à Saint-Firmin le 13 juillet 1831 (elle était née à Paris le
8 juillet 1760) ; son fils la fit inhumer à Chantilly dans le cimetière Saint-
Laurent, puis transporter dans le nouveau cimetière en 1842.

Testelin, grands-parents, le père et la mère, L. A. Jacquin que je ne connais pas [1], Jacques-Louis Chalot et sa femme Naze, J. B. Chalot et sa femme Taveau, et Isidore Chalot.

Aussi on comprend dans quels sentiments, le 23 avril 1815, M. Jacquin et son conseil durent jurer obéissance aux constitutions de l'Empire et fidélité à l'Empereur. La fidélité fut de courte durée, et, le 25 août suivant, la Saint-Louis fut fêtée avec enthousiasme à Chantilly.

Le prince avait retrouvé son château dans le plus triste état et tous les bâtiments entièrement démeublés. Au moins en avait-il pu reprendre possession sans difficultés, comme du domaine forestier, de la partie boisée du parc, des canaux, des Écuries et de la Pelouse, qui n'avaient pas été aliénés par l'État. Toutes les prairies du parc et de la vallée avaient été vendues. Le prince de Condé, alors fort âgé (il mourut le 13 mai 1818), ne put racheter que le terrain qui avoisinait le château du côté de la ville. Ce terrain, qui comprenait 7 hect. 53 a. 54 c., entre le fossé du château et la route de Vineuil, appartenait depuis 1812 à un noble Espagnol, Eugène-Martin Yzquierdo de Rivera, secrétaire d'État du roi Charles IV, que la politique de l'Empereur avait enlevé à son pays. Cet Espagnol avait formé le projet d'un établissement à Chantilly ; mais il tomba subitement malade à l'hôtel du *Cygne* et y mourut le 29 mai 1813. Il ne laissait qu'une fille mineure, et le prince de Condé put facilement acquérir, le 19 février 1817, le terrain que couvraient autrefois les bâtiments et parterres de Bucamp et de l'Orangerie, les petites Cascades et l'île d'Amour. Il fit aussitôt étudier par l'architecte Victor Dubois l'arrangement d'un jardin anglais.

Sa mort n'arrêta pas l'œuvre de reconstitution, que le duc de Bourbon poursuivit avec acharnement, sur toutes les parties du domaine, jusqu'en 1830. Le 23 juin 1818, il racheta le grand Vertugadin ; le 18 août, la prairie située entre l'île d'Amour et

---

[1] Un autre Jacquin, Jean-Baptiste, très proche parent de Jean Jacquin le père, était brigadier forestier et économe de la Ménagerie en 1792 et habitait Vineuil avec son fils en 1814. Il avait signé au mariage de M. Jacquin le notaire en 1806, ainsi que M. Antheaume de Surval le père, venu de Paris pour la cérémonie.

le grand Canal ; le 26 septembre, le Jeu-de-Paume ; le 19 septembre 1821, le terrain qui enveloppe le grand rond ou tête du Canal, jusqu'au bord de l'Octogone ; le 3 janvier 1823, le Jeu-d'Arc au bord de la forêt ; le 12 octobre 1826, la côte Grognon, entre le Vertugadin et le château de Saint-Firmin ; le 17 août 1828, ce château même et ses dépendances, avec toute la prairie du Hameau ; enfin, en 1826 et 1830, les Bourgognes, les Usines, toute la prairie du Grand Canal, la manufacture de la rue de la Machine avec, derrière, la partie du bois des Cascades qui en dépendait, et tout le terrain des anciennes Cascades entre la rue des Cascades et le canal Saint-Jean. Il put avoir aussi la plus grande partie de la Canardière, dont le reste fut racheté par M. le duc d'Aumale. Je ne parle pas du bois Lhermitte (parc Aumont) et du bois Peyrard (entre la rue de l'Embarcadère et la Gare), dont j'ai retracé les destinées dans la seconde partie de ce travail.

La remise en état du domaine fut un bienfait pour la population ouvrière de Chantilly et des environs. Le 16 janvier 1817, l'intendant-général du prince, M. Rolin de Mainville, écrivait de Paris à l'intendant de Chantilly, M. Antheaume de Surval : « La misère est si grande que je ne suis pas étonné du nombre d'ouvriers qui se sont présentés pour travailler à achever le déblaiement de la cour de l'ancien château ». On voyait se renouveler les phénomènes d'ordre économique qui avaient précédé la Révolution : « D'après la situation actuelle de Chantilly et des environs, relative aux attroupements, qui heureusement ont été dissipés sans rien de fâcheux, Son Altesse Sérénissime espère que la présence de M. le grand-prévôt à Chantilly et les arrestations en imposeront aux séditieux, qui, sous le prétexte de la cherté des grains, ne cherchent qu'à troubler la tranquillité publique. M. le comte d'Ambrugeac se dispose aussi, avec une colonne mobile de 800 hommes qu'il commande, à rétablir l'ordre et à accorder protection aux personnes et propriétés..... M. de Plasman, maréchal-de-camp (et intendant des bâtiments de Chantilly), a l'ordre de se rendre à Chantilly lundi prochain pour y établir un atelier d'ouvriers, afin de procurer par là des secours journaliers aux ouvriers valides » (6 juin 1817). Et M. Rolin de Mainville ajoutait, quelques jours après (20 juin) :

« Je suis convaincu que S. A. S. sera aussi tranquille dans son petit château à Chantilly que dans ses *deux chambres* à Paris » (au Palais-Bourbon) [1]. Il ne se trompait pas. Le vieux prince pouvait compter sur l'affection des habitants de Chantilly ; ils la témoignèrent l'année suivante à l'occasion de ses obsèques ; la ville dont il avait été si longtemps le bienfaiteur y fut représentée par une délégation spéciale : la voiture du duc de Bourbon était suivie par les autorités et par un détachement de la garde nationale.

***

De tous les princes de Condé, le dernier fut certainement celui qui fut le plus cher aux habitants de Chantilly : ses malheurs, sa vieillesse solitaire, sa grande bonté, qui dégénérait souvent en faiblesse, sa générosité princière, tout contribuait à lui mériter la sympathie et l'affection. Pendant les douze dernières années de sa vie, il fut la providence de Chantilly. Les misères et les privations de l'émigration ne modifièrent en rien les traditions qu'il avait reçues de ses ancêtres ; il semble au contraire en être résulté une soif de prodigalité dont tout le pays profita ; et Chantilly crut revivre les temps charmants de l'ancien régime. La reconstitution et la remise en état du domaine, désolé par le plus effroyable bouleversement, procura un abondant travail à la population ouvrière ; la chasse, qui fut la grande passion du duc de Bourbon, ramena la vie, les fêtes, le plaisir ; et Chantilly redevint la ville de plaisance qu'elle avait été avant 1789.

Il y avait cependant quelque chose de changé, puisque le prince et ses agents n'avaient plus à pourvoir à l'administration de la ville ; mais les contacts étaient permanents et le duc de Bourbon saisissait toute occasion de manifester sa bienveillance. En 1821, il interdit à la municipalité d'exiger un droit de place des marchands qui viennent s'installer sur la Pelouse à l'occasion de la fête patronale ; et comme on allègue que ces droits servent à rémunérer la brigade de gendarmerie chargée de

---

[1] Le prince de Condé se plut beaucoup à Chantilly dans la dernière année de sa vie. Bien qu'il eût 81 ans, sa santé était toujours très bonne et le mauvais temps ne l'empêchait pas de courir le sanglier. (27 novembre 1817).

maintenir l'ordre, il assume la dépense qui en résulte. En 1823, il rachète le Jeu d'Arc, qui avait été aliéné en 1794 et dont le propriétaire tirait parti ; il le met aussitôt à la disposition de la compagnie de l'arc et répond par des ordres positifs aux objections de ses agents : « S. A. S. tient beaucoup à l'exécution de cet ordre, et ce serait même le contrarier que de lui en parler » (lettre de M. de Gatigny à Antheaume de Surval, 20 février 1823). La même année, il décide la création de bornes-fontaines à l'usage des habitants. En 1827, il presse la municipalité de faire placer des réverbères dans les rues de Chantilly, et il veut supporter une partie de la dépense. Il intervient auprès du Directeur des Ponts et Chaussées, que les plaintes des autorités locales ne pouvaient émouvoir, pour faire modifier le tracé de la rue de Creil, très dangereux en raison du peu de largeur de la voie et de la rapidité de la descente : le travail ne sera fait qu'après sa mort. Il faut avoir entendu les survivants de cette époque pour comprendre la désolation de tout Chantilly à la nouvelle de la tragédie de Saint-Leu-Taverny (27 août 1830); la triste fin du prince exalta l'amour que lui portait la population entière, et ce sentiment se manifesta par un désir touchant : une députation conduite par le maire, M. Jacquin, obtint audience du roi Louis-Philippe, et demanda, comme une faveur singulière, que le cœur du prince fût réuni à ceux de ses ancêtres dans l'église de Chantilly. Le vœu des habitants fut exaucé et le cœur fut reçu en grande cérémonie le 9 septembre 1830.

Nous touchons aux temps modernes, et le moment n'est pas venu d'en écrire l'histoire. J'ai cependant le devoir de montrer rapidement que M. le duc d'Aumale fut le digne successeur des Condé, et que sa longue possession du domaine de Chantilly (1830-1897) coïncida avec le plus haut degré de prospérité que la ville pût atteindre. Pendant la minorité du prince, la reine Marie-Amélie exerça les droits de patronage et d'administration de l'hôpital. La pieuse et charitable reine en profita pour multiplier à Chantilly les marques de sa bienfaisance. Les bâtiments de l'hôpital furent augmentés, la chapelle bâtie, l'école des filles réorganisée, l'ouvroir créé. En 1840, la reine fit don à la ville du terrain où se trouve le cimetière actuel, qui fut inauguré en 1842, et le cimetière Saint-Laurent, désaffecté, fut englobé dans la

propriété de l'hôpital. La création de l'hippodrome et des courses
en 1834 fut l'événement capital du xix⁰ siècle pour la ville
de Chantilly ; elle en est redevable à ce brillant duc d'Orléans
dont toute la France pleura la perte en 1842. Cette industrie
nouvelle, dont l'extension devait être si considérable, allait
permettre à Chantilly de supporter sans dommage la disparition de ses manufactures. Sous l'impulsion de ce nouveau
facteur économique, la ville acheva de se développer ; si le
démembrement des propriétés Wells, Cézilly, Berthaut, contribua pour une bonne part à ce développement, il faut
reconnaître que l'action de M. le duc d'Aumale fut loin·d'y être
étrangère : la vente à M. Aumont du vieux bois Lhermitte et
des terres voisines, à MM. Lupin, de Noailles et Reiset de
l'ancien bois Peyrard entre la rue de l'Embarcadère et la Gare,
l'aliénation des anciennes Cascades et de la prairie du Grand
Jet (usine à gaz et voisinage), le lotissement des bois Saint-
Denis, préparèrent pour l'avenir de nouveaux quartiers. Enfin
la création du Musée Condé attirera toujours à Chantilly une
foule de visiteurs dont le passage ne peut que profiter au commerce local.

Je terminerai en rappelant les dernières libéralités du prince
en faveur de la ville de Chantilly : une rente annuelle de
2.500 francs « pour l'entretien, dans un ou plusieurs lycées ou
collèges, de bourses au profit d'enfants présentés par la
commune de Chantilly » ; une rente annuelle de 1.000 francs
« représentant la consommation des bornes-fontaines, dont j'ai
voulu conserver la jouissance gratuite à la population de
Chantilly » ; une rente annuelle de 15.000 francs à l'hospice
Condé, « le donateur·ne pouvant trouver un meilleur moyen
d'exprimer aux habitants de Chantilly et des communes voisines sa gratitude des sentiments qu'ils lui ont toujours
témoignés ».

Aussi est-ce à juste titre que les habitants ont témoigné à
leur tour leur reconnaissance, en érigeant la superbe statue
équestre qui montre le général Henri d'Orléans, duc d'Aumale,
contemplant dans un large salut la ville si chère à son cœur.